# 「防災」のやってはいけない



ホームライフ取材班〔編〕

青春新書
PLAYBOOKS

# 防災対策を誤れば、命が危険にさらされる！

首都直下地震や南海トラフ巨大地震の発生は、刻一刻と近づいている。また近年、激しい集中豪雨が頻発し、台風の進路も読みづらくなってきた。さらに竜巻や雷、豪雪、火災。こうした災害から命を守るには、正しい防災対策が必要不可欠だ。にもかかわらず、間違った知識を持っている人の何と多いことか……。

例えば、強い揺れに襲われたとき、すぐに取るべき行動は？　エレベーターの中で地震にあった場合、脱出するための有効手段は？　冠水した道を避難する際、適した靴は何？　備蓄しておきたい１人１日分の水の量は？　水と食糧の備蓄は何日分が必要？　寝室のカーテンは閉めて寝る？　開けて寝る？　野外で雷が鳴り出したら、木の下に避難すれば安全？

本書では、こうした具体的な防災対策について、二択のクイズ形式により、興味を持って読み進められるように構成。この一冊があれば、やってはいけないことが理解でき、安全に行動できるようになるはずだ。

# 地震が起きたら、やってはいけない

「防災」のやってはいけない

## 地震のあとで、やってはいけない

## 台風や集中豪雨に襲われたら、やってはいけない



## 台風や集中豪雨の直前に、やってはいけない

## 地震の備えで、やってはいけない

## 日ごろの備えで、やってはいけない



## 普段の暮らしで、やってはいけない

## 火事の最中に、やってはいけない

## 雷や竜巻に遭遇したら、やってはいけない



## 大雪に見舞われたら、やってはいけない



本文デザイン…青木佐和子
編集協力…編集工房リテラ（田中浩之）

# 地震が起きたら、やってはいけない

ごく近い将来、あなたの街は
大地震に襲われるかもしれない。
どこで何をしていても、
生き延びることができるように、
あらゆるシーンを想定しておこう。

Data 1

## 震度と揺れの関係

**大地震が発生したら、どの程度揺れるのか。パニックにならないように、震度と揺れ具合の関係を理解しておこう。**

**▷震度5強**

ものにつかまらないと、歩くことが難しい。棚の食器類や本は落ちるものが多くなる。固定していない家具が倒れることがある。

**▷震度6弱**

立っていることが難しい。ドアが開かなくなり、壁のタイルや窓ガラスが破損することも。耐震性の低い木造建築のなかには、傾いたり倒れたりするものもある。

**▷震度6強**

這わないと動けなくなり、揺れで体が飛ばされることも。固定していない家具は倒れるものが多くなる。耐震性の低い木造建築は、傾いたり倒れたりするものが多くなる。

**▷震度7**

耐震性の高い木造建築でも、まれに傾くことがある。耐震性の低い鉄筋コンクリート造の建物は、倒れるものが多くなる。

「気象庁震度階級関連解説表」より

# 突然、強い揺れに襲われたら

いまの大人は、「揺れたら机の下に潜って身を守りなさい」と、小さなころから聞かされて育ってきた。しかし、本当のところはどうなのか。その“常識”に従ったばかりに、かえって命取りになる恐れはないのだろうか。

落下物を防げる
机の下に
急いで潜る

×

落下物の恐れのない
廊下に
急いで移動する

**本当に身を守れるのは**

**どっち？**

正解

# 落下物から身を守るため、廊下に移動する

## 揺れで机は激しく暴れる！避難訓練のようにはいかない

地震のときには、机やテーブルの下に身を隠すのがベスト。多くの人はこう思っているだろう。確かに、この姿勢をキープすれば、危険な落下物から身を守ることができそうだ。しかし、近年、実際には効果のほどは疑問、という考え方が広まってきた。

揺れが強い場合、家具や家電などが大きく動き、倒れ、床を走るように移動することが知られている。机も同じで、じっとしているはずがない。強い揺れが収まらないなか、机の下に身を隠し続けるのは難しいだろう。それだけではなく、暴れる机が体にぶつかって、逆にけがをするかもしれない。

揺れても歩けたり這ったりできる場合、上からものが落ちてくる危険性が低い廊下に移動するようにしよう。また、脱出しやすい玄関も、家やマンションの中で身を守るのに適した場所だ。

# 少し強い揺れを感じたら

突然、強い揺れに襲われたら、すぐに安全な場所に移動するなど、誰でも自分の身を守るために動くはず。では、震度２や３程度のさほど強くない揺れが起こった場合、どういった行動を取るのが正解なのか。

揺れが強くないうちに、
安全な場所に
急いで避難する

まだ危険ではないので、
とりあえず
その場で様子を見る

**本当に身を守れるのは**

**どっち？**

# 激しい揺れに襲われる前に、安全な場所に移動する

正解 ○

## 関東大震災のときには軽い揺れが約1分間続いた！

地震が発生すると、揺れは震源から波のように伝わってくる。この地震波には小刻みな縦揺れのＰ波（初期微動）と、激しい横揺れのＳ波（主要動）の２種類があり、それぞれ伝わる速さが違う。

Ｐ波が秒速約７㎞なのに対して、Ｓ波は秒速約４㎞。このため、震源が離れている場合、まずＰ波が到達してカタカタ揺れ、その後、若干のタイムラグがあってＳ波が伝わり、激しくユサユサ揺れることになる。

関東大震災のとき、東京は震源の相模湾から１００㎞近く離れていたので、初期微動が１分間ほど続いた。このたいした揺れではないとき、多くの人が屋外に脱出していれば、被害の様相は大きく変わったに違いない。弱めの揺れであっても、あとで強い揺れが来るかも……と考えて、安全な場所に避難するようにしよう。

# 激しい揺れが収まったら

強い地震が発生し、家の倒壊こそ免れたものの、中は揺れでぐちゃぐちゃに……。余震も怖いので、早く脱出して安全な場所に行きたい。こうした場合、やはり、すぐに避難したほうがいいのだろうか。

ブレーカーを切ってから家の外に脱出する

命を守るため、大急ぎで家の外に脱出する

本当に安全なのは

## どっち?

# 通電火災を防ぐため、必ずブレーカーを落とす　正解

## 阪神・淡路大震災の火災は、約6割が停電後の「通電火災」

最初の激しい揺れが収まったら、命からがら、すぐにでも家の外に出たくなるのは当然だろう。そのとき、気がひどく動転していても、絶対に忘れてはいけない。脱出する前にブレーカーを落としておかないと、大変な二次災害を起こす恐れがある。

この作業をしないで避難すると、電気が復旧した際、壊れたり傷ついたりした電化製品や電源コードが発熱し、火災を引き起こしてしまうことが少なくない。阪神・淡路大震災のとき、こうした「通電火災」が人のいない住宅などで次々に発生し、出火原因の6割近くも占めたという。

なお、揺れをセンサーが察知し、自動的に電気の供給を止める「感電ブレーカー」もあり、経済産業省が普及啓発を行っている。有効な地震対策として、このタイプに変更しておくと安心だ。

# トイレ中に揺れたら

地震にはいつ、どこで襲われるかわからない。もし、家のトイレで用を足しているときに起こったら？　揺れが収まるまで動かずにいたほうがいいのか、それともすぐに脱出するべきなのか。正解はどっちだ!?

**トイレは安全なので**
**そのまま動かずに**
**様子を見る**

×

**トイレは危険なので**
**急いで外に出て**
**安全な場所に移動する**

**本当に安全なのは**

**どっち？**

**正解○**

# トイレの安全神話はウソ！ すぐに飛び出すのが正解

## 閉じ込められて、脱出できなくなる恐れあり！

家の中でも、四隅に柱があるトイレは頑丈で、激しい揺れにも耐えることができる。こう聞いたことのある人は多いだろう。しかし、その考えはもう改めよう。トイレが安全ではない理由のひとつは、揺れでドアが変形した場合、脱出できなくなる恐れがあるからだ。閉じ込められたまま、火災でも起こったら……と想像するだけで恐ろしくなる。

便座の後ろにあるタンクのふたも危険だ。相当な重さがあるので、揺れではずれ、勢い良く頭に飛んできたら軽いけがでは済まない。頭の真上にある照明も要注意で、落ちて直撃すればけがをする。

マンションなどの集合住宅の場合、トイレの四隅には柱がなく、間仕切り壁で仕切られていることが多いので、一戸建て以上に造りが弱い。用足し中に地震にあったら、すぐに飛び出すのが最善の策だ。

# ガスコンロで調理中に揺れたら

火を使わないＩＨクッキングヒーターは、地震が起きても火災の原因にはならない。しかし、ガスコンロの場合はどうなのか。鍋やフライパンを使って調理中、強い揺れに襲われた場合、取るべき正しい行動は何だろう。

やけどをしないように
すぐに
ガスコンロから離れる

×

火事を防ぐために
すぐに
火を消す

**本当に正しい行動は**

**どっち？**

正解

# 火は自動的に消えるので、すぐにガスコンロから離れる

## キッチンは危険なスペースなので、揺れたら安全なところに移動する

　関東大震災は昼食の時間に発生したことから、大規模な火災を引き起こした。こうした事態を防ぐために、ガスコンロの火は大急ぎで消さなければいけない。こう覚えている人は多いかもしれない。

　だが、じつは最近のガス機器は、震度5相当以上の強い揺れを感知したら、自動的に停止する仕組みになっている。火事になる危険性は低いので、急いで火を消そうとすることはない。いや、消そうとしてはいけない。

　ガスコンロで調理中ということは、熱湯の入った鍋や、熱されたフライパンを使っているはずだ。また、近くのまな板の上には包丁があるかもしれない。ガスコンロに近寄ったら、これらが体に向かってきて、大けがをしかねないのだ。ガスコンロ周辺は危険がいっぱいなので、揺れたらすぐに離れて、廊下などに避難しよう。

# 家で子どもと離れていたら

子どもがリビングや子ども部屋で遊んでいるとき、親は離れたキッチンで料理中、あるいは別の部屋でくつろいだり、掃除をしていたり。こういった平和な日常のなか、突然、地震が起こったらどうしたらいいのか。

大急ぎで
子どもの安全を
守るために行動する

×

とにかく
自分の安全を
優先してから行動する

**子どもを助けられるのは**

## どっち？

# 子どもを助けるには、まず親が安全を確保する　正解

## 地震のときはどう行動するか、事前に親子で取り決めを

親子が別室にいるとき、大きな地震に襲われたら……。親なら、何はともあれ、子どものもとに駆けつけたくなるだろう。しかし、揺れの状態によっては、家の中を大きく移動するのは困難で、しかも相当な危険を伴う。また、親が子どもを呼ぶのもリスクが大きい。子どもがひとりで動いている間に、倒れた家具や落下した照明でけがをする恐れがあるからだ。

子どもを助けるには、まず親が自分の安全を確保するのが第一。そのうえで様子を見て、子どものもとへと向かうようにしよう。

親子の間で、もしもの場合を話し合っておくことも大切だ。揺れが激しくて動けない場合は、クッションや本などを使って、とにかく頭を守る。這ったり歩いたりできる揺れの場合、比較的安全な廊下に集まることを親子の取り決めにしておくのがいいだろう。

# 家の中で動けなくなったら

家が倒壊したり、倒れた家具に挟まったりして動けなくなったら、早く救出してもらわなければならない。そのためには、助けを求めていることを周りに知らせるのが肝心。選択すべき方法はどっちだ!?

ものを叩いて
音を立て、
居場所を知らせる

×

早く救出されるため、
できるだけ大声を出して
助けを呼ぶ

救出されやすいのは

どっち?

正解

# 体力を温存するため、何かを叩いて音を出す

## 人が周りにいない状況で大声を出してもメリットはなし

救出してほしいときには、「助けてー！」などと、大声を出すのが最も良い方法のように思えるかもしれない。確かに、近くに人がいた場合、すぐに気づいてくれるだろう。

だが、周りに誰もいないのに、大声を出し続けていると、体力をどんどん消耗してしまう。これでは救出まで時間がかかった場合、命取りになりかねない。できる限りの大声を出すのは、人がある程度近づいてきた気配のあるときでいい。

救出を待つ間、重要なのは体力を温存することだ。自分の居場所を知らせるには、手の届くところにある何か固いもので、家具や壁などを叩いて音を出すようにしよう。トン、トン、トン、トン…といった具合に規則的な音を出すと、あまり大きくなくても人に気づいてもらえやすいものだ。

# エレベーターで地震にあったら

マンションやオフィスビルなどでは、エレベーターを利用する機会が多い。利用中に地震が発生することは、十分考えられる。速やかに脱出するためには、どういった行動を取ればいいのだろう。

すべての階の
ボタンを押して
止まったら脱出する

×

センサーが揺れを感知し、
最寄りの階に止まるので
決してパニックにならない

**閉じ込められにくいのは**

**どっち？**

正解

# 自動停止しないケースもある。とにかく全階のボタンを押す

## 古いタイプのエレベーターはセンサーなしの可能性あり

地震が発生してエレベーターが停止し、真っ暗いなか、何度も余震に襲われつつ、長時間閉じ込められる……。

こうした恐ろしい事態を防ぐため、エレベーターには地震時管制運転システムが取り入れられており、一定の揺れを感知すると、最寄りの階に自動的に止まり、扉が開く仕組みになっている。しかし、このシステムの設置が義務づけられたのは２００９年９月。それ以前に設けられたエレベーターの場合、地震が起こっても最寄り階に停止しない可能性があるのだ。また、システムを採用していても、誤作動するリスクはゼロではない。

このため、エレベーター内で地震にあったら、手をこまねいていてはいけない。急いですべての階のボタンを押すことが大切だ。そして、運良く止まった階で速やかに下りて、非常階段を使おう。

# スーパーで地震にあったら

スーパーで買い物をしているときに、大きな揺れに襲われたら……。建物の倒壊こそないだろうが、危険はいっぱいだ。揺れに翻弄されないように体を支えるのが得策か、それとも頭を守るのが第一なのか？

丈夫な棚にしがみついて体を支える

買い物かごをかぶって頭を守る

本当に身を守れるのは

どっち？

正解

## 恥ずかしいなんて思わず、すぐに買い物かごをかぶる

### 陳列棚に並べられている商品が凶器として飛び出してくる！

スーパーの通路は狭い。立っていられないような大きな揺れに襲われたら、条件反射的に、目の前にある丈夫そうな陳列棚につかまろうとするかもしれない。しかし、これは非常に危険なので、絶対にやってはいけない。

地震の際、スーパーで凶器になるのは、陳列棚に並べられている商品そのもの。ジャムや油類のガラス瓶、金属でできた缶詰、酒やワインの瓶など、危険なものはいっぱいある。陳列棚につかまると、これらが揺れで飛び出して、頭に直撃するかもしれない。

スーパーで地震にあったら、こういったものから頭を守るのが最も大切。恥ずかしいかもしれないが、持っている買い物かごを逆さにして、頭にかぶるのが最善の策だ。買い物かごは弾力性があるので、少々堅いものがぶつかっても体にダメージはない。

# オフィス街や繁華街で地震にあったら

大きな地震が発生したとき、ビルが立ち並ぶオフィス街や繁華街にいるかもしれない。そうした場合、どういったことが危険で、どうすれば身を守ることができるのか。平常時にしっかり考えておこう。

頭を手で抱えて守り、
その場で
しゃがみ込む

×

頭上を確認しながら
安全な場所に
移動する

本当に身を守れるのは

どっち？

正解

## 怖いのはガラスや外壁の落下！
# 頭上を注意しつつ安全な場所へ

### その場でしゃがみ込むのは厳禁！突っ込んでくる車にも注意を

突然、激しい揺れに襲われたら、パニックになってもおかしくない。恐怖心から、その場でしゃがみ込み、頭を手で抱える人もいるだろう。

こうした行動を取った場合、次に待っているのは恐ろしい事態だ。割れた窓ガラスが、尖った先端を下にして落ちてくる。はがれたビルの外壁が、かたまりになって落下してくる。その結果、けがをするどころか、命を失うことにもなりかねない。

街で地震にあったら、すぐに上を見て、窓ガラスや外壁が落ちてこないか確認すべきだ。鞄を持っていたら、頭上に掲げて頭を守るのがいいだろう。上だけを見るのもいけない。揺れでハンドルを取られた車が、歩道に突っ込んでくる恐れもあるからだ。上に加えて、左右の安全も確認しながら、安全なところまで避難しよう。

# 運転中に地震にあったら

車を運転中に、地震に襲われたら大変だ。揺れてハンドルを取られそうになるのを制御し、速やかに停車しなければ危ない。ここまでは多くの人が同じ行動を取るだろうが、さて、その後はどうする？

道路の左側に停車後、揺れが収まったら、開けた場所に移動する

道路の左側に停車し、キーを抜かずに、徒歩で避難する

安全のために取るべき行動は

どっち？

**正解**

# 救急車などの通行を妨げないように、駐車場や広場に移動する

## 道路に乗り捨てる場合は、キーはそのままでドアロックしない

運転中に地震が発生したら、思わず急ブレーキをかけて、すぐに停車したくなるかもしれないが、絶対にやってはいけない。後続車があれば追突されてしまうのは明らかだ。

こうした場合、決してブレーキを強く踏み込まず、徐々に減速し、道路の左側に寄せて停車しよう。問題はそのあとの行動で、車を乗り捨てて避難するのは基本的には避けたい。こうして放置された車だらけになると、救急車や消防車の走行を邪魔してしまう。

いったん左側に止めたら、揺れが収まるまでラジオで情報収集。その後、車の流れが動くようなら、近くの広場や駐車場まで走って停車するのが正解だ。どうしても道路に乗り捨てたい場合は、キーを差し込んだままでドアをロックせず、連絡メモを残し、車検証を持って避難するようにしよう。

# 長いトンネルで地震にあったら

車で長いトンネルの中を走っているとき、突然、地震に襲われたら……。これはもう、全身の鳥肌が立ちそうな場面だ。日ごろから、こうした緊迫した事態も想定し、身を守るための正しい行動を考えておこう。

少し速度を緩め、
トンネルを抜け出るまで
慎重に走り続ける

×

左側に寄せて停車し、
キーをつけたまま降りて、
近くの非常口へ行く

**安全のために取るべき行動は**

**どっち？**

## 正解

# 走り続けるのは危険！
# 停車して徒歩で非常口に走る

### 非常口のない短いトンネルなら、出口まで走り続ける

大きな地震が起こった場合、トンネルによっては、天井や壁面が落下する可能性も否定できない。一刻も早く抜け出したいと思うだろう。

しかし、揺れが収まらないなか、長いトンネルを走り続けるのはリスクが大きい。道路の場合と同じく、少しずつ速度を緩めて、左側に車を停めるのが正しい選択だ。停車したら、キーをつけたまま降りて、数１００ｍごとに設置されている非常口を目指そう。

一方、短いトンネルには、非常口が設けられていないことが多い。こうしたトンネル内で地震にあったら、スピードを緩めて、そのまま出口まで走り抜けるようにしよう。この場合、周りの車がハンドルを取られてフラフラしたり、ドライバーがパニックを起こして思わぬ走行をしたりするかもしれないので、十分な注意が必要だ。

# 電車の中で地震にあったら

首都直下地震などの際には、電車に乗っているときに直撃される人もたくさん出ることだろう。大きな地震が発生すると、電車は緊急停止する。このあと、乗客が安全のために取るべき行動は何か。

立ち往生した電車は危険なので、線路に降りて歩く

電車の中は安全なので、外には出ない

本当に身を守れるのは

どっち?

正解 ○

## 原則として、外に降りず、係員の指示に従う

### 線路に降りる行為は、けがや感電、運転の再開遅れなどの原因に

電車が緊急停止すると、扉を手動で開けられる非常用ドアコックを使って脱出し、より安全な場所に逃げたいと思う人がいるかもしれない。しかし、この行動は危険なので禁物だ。

電車と線路の間には相当な段差があるので、降りるときにけがをしかねないし、隣の線路に電車が突っ込んでくることも考えられる。さらに地下鉄などでは、線路のすぐ近くに高電圧の電気が流れているところがあり、触れれば感電してしまう。加えて、線路に降りるのは周りにも大いに迷惑だ。線路上に誰もいないことを確認するまで、運転を再開できなくなる。

電車で地震にあったら、原則として車内にとどまり、係員の指示に従うようにしよう。ただし、すぐ近くで火災が発生するなど、緊急事態の場合は臨機応変に動かなければならない。

# 駅のホームで地震にあったら

日ごろ、電車を使うことが多い人は、駅のホームで地震にあうことも想定しておきたい。電車を待っているとき、激しい揺れに襲われた場合、どのように行動すれば自分の身を守れるのだろうか。

停車中の電車があればすぐに逃げ込む

駅の構内は危険なのですぐに階段や出口を目指す

本当に身を守れるのは

どっち？

## 正解

# 停車中の電車があれば、その車内に逃げ込むのがベスト

## 階段や出口に殺到するのは最悪！係員の指示を待とう

駅のホームには掲示板や自動販売機が設けられている。大きな地震の際にはこれらが凶器になるので、持っている鞄などで頭を守り、前後左右にも十分注意しなければならない。また、ホームから線路に転倒しないようにすることも大切だ。

こうしたことに注意しつつ、どういった行動を取るのが正解か。すぐに階段や出入り口に向かいたくなるかもしれないが、我先に殺到すれば、極めて危険な「群衆なだれ」が起こる恐れがある。決してあわてないで、係員の指示に従うことが何よりだ。

ホームに電車が止まっている場合は、車内に緊急避難するのが最善の策。頑丈な箱の構造なので、激しい揺れのなかでも安全を保ちやすい。車内では、手すりや座席などにつかまってしゃがみ、揺れが収まるのを待とう。

# 海に近い川沿いで地震にあったら

東日本大震災は津波の恐ろしさを如実に示した。大きな地震のときに海の近くにいたら、とにかく津波から逃げることが第一だ。海に近い川沿いにいた場合、どういった逃げ方をするのが正解か。

上流に向かって大急ぎで移動し、津波を避ける

川と直角の方向に大急ぎで移動し、津波を避ける

津波から逃げられるのは

どっち?

正解

# 川からできるだけ離れるため、直角の方向に逃げる

## 津波は猛スピードで遡上するので、上流の方向には逃げ切れない

津波から逃げるには小高い丘や公園、頑丈で高い建物など、高台を目指すのが鉄則だ。しかし、海に近い川沿いにいて、そばに逃げ場所がない場合、とにかく津波から遠い方向に急いで移動しなければならない。

津波は川の下流からさかのぼってくるのだから、上流に行けば安全。こう考える人もいるだろうが、大間違いだ。東日本大震災のとき、北上川では河口から約12㎞以内で被害が出て、津波は最終的に50㎞近くまでさかのぼった。津波が川を遡上する速さは時速40㎞にも達するので、上流に走っても逃げ切れるものではない。

逃げるべきは、川とは直角の方向だ。津波が押し寄せる前に、川からできるだけ離れることにより、助かる可能性は高くなる。逃げる途中で高台やビルを見つけたら、もちろん避難するようにしよう。

# 地震のあとで、やってはいけない

大きな地震に直撃され、
被災者になってしまったら…。
やってはいけないことを
いまから理解しておかないと、
大変な事態を招いてしまう！

Data
2

## ――ライフラインが復旧するまで――

大地震が発生すれば、電気や水道、ガスなどのライフラインは停止する。復旧までにどのくらいかかるのだろうか。

### ▷過去の大地震でのライフラインが復旧するまでの日数

| | 電気 | 水道 | ガス |
|---|---|---|---|
| 東日本大震災（2011年） | 6日 | 24日 | 34日 |
| 阪神・淡路大震災（1995年） | 2日 | 37日 | 61日 |

### ▷首都直下地震でのライフラインが復旧するまでの日数

| | 電気 | 水道 | ガス |
|---|---|---|---|
| 内閣府による東京の被害想定 | 6日 | 30日 | 55日 |

# 家族に避難先をメモで伝えるには

家が被災して住むことができない。あるいは余震が怖いので、家にいたくない。こういった場合、家を離れて避難所に行くことになる。離れ離れになってしまった家族には、どうやって避難先を知らせればいいのだろうか。

避難先をメモに書いて
わかりやすいように
扉に貼っておく

×

避難先をメモに書いて
人目につかない
郵便受けなどに入れておく

安心して避難できるのは

**どっち？**

## 家族だけがわかる場所に 連絡メモを隠しておく

正解

### 目立つ場所に貼っておくと、空き巣に留守だと教えることに

家族が職場や学校に行き、自分は自宅にいるときに大地震が発生。被災して避難しなければならなくなった場合、家族に避難先を知らせるためにメモを残しておきたい。

伝え方として、「○○の避難所にいます」などと紙に書いて、玄関ドアなどに貼っておくのはどうだろう。家族が帰ってきたとき、すぐに目にはつくものの、良い方法とはいえない。目立つ場所に貼っておくと、見ることができるのは家族だけではないからだ。災害後、被災地に集まってくる空き巣狙いにも、「この家は留守です」とわざわざ教えることになってしまう。

こうしたリスクを避けるため、平常時に家族で連絡メモの残し方を話し合っておこう。「メモは玄関ポストの中に」といった具合に決めておくと、安全かつスムーズに情報を共有できる。

# 家族に安否を伝えるには

大きな地震が発生し、家族と離れ離れになった……。こうした場合、すぐに安否を確認したくても、なかなか電話がつながらないだろう。そこで、災害用伝言ダイヤルの正しい使い方を知っておこう。

被災後すぐに災害用伝言ダイヤルを利用する

少し待ってから災害用伝言ダイヤルを利用する

正しい使い方はどっち？

正解

## 利用するのは災害後、約30分たってから

### 電話がつながらないときに便利だが、すぐには利用できないので注意

地震後、被災地には電話が殺到し、回線が大混雑してつながりにくくなってしまう。こうした状況でも安否確認ができるようにと、各通信会社では、それぞれ独自に災害用伝言サービスを提供している。なかでも知られているのが、ＮＴＴが運営している「災害用伝言ダイヤル（１７１）」だ。

音声を録音する伝言板で、利用の仕方は簡単。しかし、ひとつ注意点がある。一刻も早く、家族などの安否を確認したいだろうが、災害後、すぐには利用できないことだ。利用できるのは災害後、30分ほど経過してからなので覚えておこう。

災害用伝言ダイヤル（１７１）の使い方は、ＮＴＴや総務省のホームページで閲覧することができる。ほかの通信会社によるサービスもあるので、いまのうちにチェックしておこう。

# 自宅のトイレを使いたいなら

地震のあとで、大きな悩み事になるのがトイレをどうするか。激しく揺れたものの、便器をチェックすると、幸い、どこにも破損やひび割れは見当たらない。こうした場合、すぐに使ってもいいのだろうか。

一見、大丈夫そうでも
すぐには使わず、
しばらく様子を見る

×

全体をチェックし、
破損していなかったら
使ってもかまわない

トラブルなくトイレを使えるのは

どっち？

## 排水管が壊れていることもある。業者の点検が終わるまで使わない

正解

### 壊れたところで詰まり、やがて逆流して大変な事態に！

大きな地震が起こると、電気や水道などのインフラがストップしてしまう。当然、水洗トイレは本来の使い方ができなくなるわけだ。とはいえ、便器をチェックして破損がない場合、普通に使用したあと、風呂に溜めておいた水などを流せばＯＫのように思える。

だが、一見、トイレにダメージがなくても、すぐに使ってはいけない。激しい揺れに襲われた場合、便器が無事であっても、つながっている排水管が壊れていることが多いのだ。使用後、流してもそこで詰まり、最悪の場合、逆流して便器からあふれてしまう。マンションで起こった実例では、上の階で用を足したあと、下の階のトイレであふれたという悲惨なケースもある。

見た感じでは使えそうだと思っても、業者の点検が終わるまで使用はＮＧ。携帯トイレや仮設トイレを使うようにしよう。

# 自宅のトイレを流したいなら

地震が起こったあと、トイレの排水管は何とか無事だったことがわかった。断水は続いているが、風呂に水を溜めておいたので、これを使って流すことができる。このとき、正しい水の流し方はどっち？

タンクに風呂の水を入れて、通常のように流す

風呂の水を便器の中に直接流し込む

トラブルなくトイレを使えるのは

**どっち？**

## タンクに入れるのではなく、便器に水を直接流し込む

正解

### タンクに風呂の水を入れると、髪の毛などが絡んで故障の原因に

地震が発生したあと、自宅のトイレを使うのを控えていたが、業者が排水管を点検した結果、破損はないので使用してかまわないとの朗報。ただし、まだ水道は復旧していない。こうした場合でも、風呂に水を溜めているのなら幸いだ。

風呂の水を直接、便器に流し込むのが簡単だが、周囲に水飛びしそうなのがちょっと嫌。そこで、風呂の水をタンクに補充して、通常のレバー操作で流す。問題はなさそうに思えるが、便器メーカーは推奨していない。

風呂の水には、髪の毛などが含まれている。これらがタンク内部の部品に引っかかると、正常に動かなくなる恐れがあるのだ。水飛びに注意しつつ、バケツ1杯の水を便器に一気に流し込み、追加で3～4ℓの水を静かに流す。これで清潔に使うことができる。

# 災害の状況を ネットで確認したいなら

災害発生直後、被災地では電話の通信障害が発生しやすいことはよく知られている。インターネットならその心配はないと考え、すぐに情報収集に励んで状況を確認。この行動は正しいだろうか。

災害発生直後から、
ネットを使って
情報収集をする

災害発生後、
最低6時間たってから
ネットで情報収集をする

## 正しい情報収集の方法は どっち？

正解

# 通信障害を起こさないように最低6時間はネットにつながない

## 地震の直後に全国で通信量が急増すれば、命にかかわる通信がつながらない

大きな地震が発生すると、揺れの激しい地域では停電を起こし、テレビで情報を収集できなくなる。けれども、スマホでインターネットが使えるから、状況は把握できる。こう思っている人は非常に多いのではないか。

しかし、あまり知られていないが、災害の発生直後は、インターネットは極力使わないほうがいい。通信量が爆発的に増えることにより、通信障害などが起こってしまう可能性があるからだ。

災害の発生直後は、命に危険がある人の救助要請や自治体の緊急連絡など、本当に必要な通信が多数行われるはず。こうした状況下、データ通信に障害が起こると、救える命も救えない事態になりかねないのだ。特に必要でない人が、インターネットを控えたい時間は、発生後6～8時間といわれている。これは被災地以外でも同様だ。

# 赤ちゃんを連れて避難するには

地震が発生して被災者となり、地域の避難所まで、赤ちゃんと一緒に移動しなければいけない。このとき、赤ちゃんはベビーカーに乗せたほうがいいのか、それとも抱っこひもを使うほうが正解なのか。

抱っこひもで抱っこし、
両手に荷物を持って
避難所まで行く

×

赤ちゃんが慣れている
ベビーカーを使って
避難所まで行く

## 赤ちゃんに優しい移動の仕方は

## どっち？

正解

## 赤ちゃんを体の前で守れる
## **抱っこひもを使う**のがベスト

### がれきが散乱する道路では、ベビーカーは進みづらい

赤ちゃんのいる家庭では、避難所まで行くのは大変だ。移動の際には、楽なベビーカーを使いたくなるかもしれないが、デメリットが多いので避けたほうがいい。

激しい揺れのあとは、道路には割れた窓ガラスやはがれた外壁など、さまざまな落下物が転がっているに違いない。アスファルトに亀裂が入っていたり、めくれ上がったりしている可能性もある。こうしたなか、ベビーカーで進むのはリスクが大きい。加えて、ベビーカーに乗せると赤ちゃんの顔が地面に近くなり、舞い上がる粉塵《ふんじん》を吸い込みやすくなるのも良くない。

赤ちゃんと移動する場合、抱っこひもを使って、体の前で抱っこするのが最善の策だ。おんぶする方法もあるが、赤ちゃんの姿が見えず、安全が確認しづらくなるのでやめたほうがいい。

# 小さな子どもを連れて避難するには

小さな子どもがいる家族が被災し、親子で避難所まで移動することになったら、安全をしっかり確保したい。赤ちゃんは抱っこするのが基本だが、小さな子どもとは、どのように行動するとより安全だろうか。

赤ちゃんのように
抱っこひもで抱っこし、
避難所まで行く

×

離れないように、
手をしっかり握って
避難所まで歩く

子どもに優しい移動の仕方は

## どっち？

正解 ○

## 赤ちゃんと同じように、**体の前で抱っこする**のが安全

### 被災後の道路は危険過ぎ、小さな子どもが歩くのには適さない

小さな子どもと避難する場合、親子で一緒に歩いていくのが当たり前。こう考える人は少なくないだろうが、安全で正しい行動とはいえない。

地震後の道路上にはがれきが散乱しているので、小さな子どもが歩くには危険過ぎて、けがをする可能性が大きいのだ。大都市が被災した場合なら、避難する人で道路が混雑しているかもしれない。つないでいる手が離れてしまうと、大変なことになってしまう。

歩いたり走ったりできる子どもでも、被災直後は親子で歩いて移動するのは禁物。赤ちゃんの場合と同じく、抱っこひもを使って、体の前で抱っこして歩くようにしよう。

抱っこする際には、靴を履かせるのを忘れないように。赤ちゃんと違って、避難所で生活するうえで必要になる。

# 地震後、一時的に避難したいなら

大きな地震が発生したあと、自宅にいるのは怖いからと、一時的に避難するのならどこがいいだろう。候補は、コンビニとガソリンスタンド。このうちどちらが避難場所として、より適しているのか。

街のライフラインである
近くのコンビニに
一時的に避難する

×

じつは防災機能の高い
近くのガソリンスタンドに
一時的に避難する

安全に避難できるところは

どっち？

## 災害に極めて強い ガソリンスタンドがベスト

正解

### 阪神・淡路大震災でも、火災発生件数はゼロだった

街のライフラインとして、近年、注目されているのがコンビニ。地震後、一時的に避難するには絶好のように思える。しかし、避難が必要なほどの大きな地震の際には、直後に逃げ込む場所として適してはいない。激しい揺れに襲われ、棚の商品が落下して床に散乱し、足の踏み場もない状況に陥っている可能性があるからだ。

一時的に避難するのなら、何よりも身の安全を守れる場所がいい。その意味から、最も優れているのがガソリンスタンドだ。厳しい消防法や建築基準法をクリアしているので、じつは災害に極めて強い。ガソリンを蓄えているから、火災になると大惨事になるのでは……こう思うかもしれないが、阪神・淡路大震災のときでも、火災は1件も発生していない。津波の危険がない地域なら、最も安全だ。

# 暑い時期に避難するには

揺れに直撃されて、室内が目も当てられない状態になり、到底いることはできないので、避難所に行くことにした。これが夏の暑い時期なら、どういった服を着て、避難所までの道を歩くのがいいのだろうか。

快適で動きやすい
半袖短パンで
移動する

✕

危険防止のため
長袖長ズボンを
身につける

スムーズに行動できるのは

**どっち？**

## 避難所までの道は危険だらけ。けがを防ぐために肌を露出しない

正解

### 豪雨時の避難の際には、大雨のなかでも目立つ明るい服を

夏に被災したら、強い太陽が照りつけるなか、地域の避難所まで歩かなければならない。快適さを求めるなら、半袖のシャツを着て、短パンを履くのがいちばんだ。

しかし、地震直後、肌を露出した服を着るのはおすすめできない。ガラスの破片やがれき、倒壊した建物などに触れ、けがをする恐れがあるからだ。できれば、長袖と長ズボンに着替えてから出発しよう。手袋をつけて、ヘルメットをかぶれば、一層安全に避難することができる。

豪雨時に避難する際は、服の色にも注意が必要だ。強い雨のなか、夕暮れ時や夜に移動しなければならなくなったとき、地味な色合いの服を着ていると、周りから見えなくなってしまう恐れがある。明るい派手な服を身につけて避難するようにしよう。

# レトルト食品を加熱できないなら

被災後、食品流通が元の状態に戻るまでは、保管しておいた備蓄品を食べて過ごすことになる。加熱する手立てがないなか、カレーなどのレトルト食品がある場合、そのまま食べてもいいものだろうか。

製造過程で
加熱されているので
そのまま食べてもいい

×

加熱調理を前提に
製造された商品なので
食べられない

正しい選択は

どっち？

正解

## 完全調理済のものなので、温めずに食べてもかまわない

### ソーセージやベーコンも、じつは生のまま食べられる

被災直後は停電や断水が続くなか、缶詰やカンパンなどが主な食事になる可能性が高い。非常事態なので贅沢はいえないが、少しは料理らしい料理を食べたい、と思うこともありそうだ。こういったとき、備蓄品にカレーなどのレトルト食品があったらどうするか。加熱できない場合、食べてはいけないようなイメージもあるが、そうではない。

完全調理済の食品を袋に密閉し、加圧加熱殺菌したものがレトルト食品。そのまま食べるのは、冷めた料理を口にすることと同じなのだ。風味こそ落ちるものの、ちゃんと食べられるし、消化吸収の点でも問題はない。普段は過熱して食べるソーセージやベーコンも、じつは生食ＯＫの意外な食品。ただし、「加熱食肉製品」「特定加熱食肉製品」という記載があるものに限るので注意しよう。

# 台風や集中豪雨に襲われたら、やってはいけない

近年、甚大な被害を
もたらしている台風や集中豪雨。
あなたの暮らしている街が
直撃されたとき、
正しい行動が取れるだろうか？

Data 3

## 雨の強さと降り方

台風や集中豪雨の際、1時間の雨量がどの程度なら、どういった強さの雨が降るのか。その目安を知っておこう。

▷20㎜以上30㎜未満 ▸ **強い雨**

土砂降りの雨。傘をさしていても濡れるようになる。

▷30㎜以上50㎜未満 ▸ **激しい雨**

バケツをひっくり返したように降る。道路が川のようになる。車は高速走行時、ブレーキが利かなくなる。

▷50㎜以上80㎜未満 ▸ **非常に激しい雨**

非常に激しい雨。滝のように「ゴーゴー」と降り続く。傘はまったく役に立たなくなる。水しぶきであたり一面が白っぽくなり、視界が悪くなる。車の運転はもう危険。

▷80㎜以上 ▸ **猛烈な雨**

恐怖を感じるほどの雨で、息苦しくなるような圧迫感がある。

気象庁「雨の強さと降り方」より

# 冠水した道路を歩きたいなら

集中豪雨や台風に襲われたら、避難するときなどに、冠水した危険な道路を歩かなければならなくなることがある。こうした場合、どこまでの深さなら、歩くことができると判断すればいいのだろうか。

水の深さがひざを超えると歩いてはいけない

×

水の深さが腰までなら歩くことができる

**安全に歩けるのはどっち？**

正解

## 流れが緩い場合でも、歩けるのはひざの深さまで

### 腰まで深くなると歩くのは無理。水の勢いも併せて判断を

大雨で冠水した道路は非常に危険。水が濁っているため、側溝やふたの開いたマンホールなども見えにくい。川から水があふれている場合は、見た目以上に流れもあると考えられる。

歩いて避難できるかどうか、判断基準のひとつになるのが水深だ。水の流れが毎秒１ｍ（人がゆっくり歩く程度）の場合、水深がひざ程度までなら、流れに逆らって歩くことができる。

しかし、腰の近くまで深くなったところでは、もう前には進めない。立ち往生したまま、足をすくわれてしまうと、あとは流されるままだ。さらに、水の勢いがもっと強い場合、ひざ程度の水深でも歩くのは困難になる。

冠水したなかを避難する場合は、こうした水の深さや勢いをチェックしたうえで、慎重に判断しなければならない。

# 冠水した道路を歩くときの靴は

冠水した道路を避難する際には、安全を図るために、どういった靴を履けばいいのだろうか。雨天時に適した靴といえば長靴だが、濡れるのを前提として運動靴を履く方法もある。どっちの選択が正解？

足が濡れないように長靴を履いて歩く

×

歩きやすいように運動靴を履いて歩く

**本当に歩きやすいのは**

**どっち？**

## 長靴に水が入ると歩きにくい。厚底の運動靴がベスト

正解

### サイズの合った靴を履き、ひもをきつく結ぶことが大切

冠水した場所を避難する場合、足が濡れると気持ち悪いからと、長靴を履く人は多そうだ。避難所まで浅い水深が続くのであれば、足を濡らさないで歩くことができるかもしれない。

しかし、より深い場所があった場合、長靴の中に水が入り込んでしまう。こうなると、長靴が急に重たくなり、足を前に運ぼうとするたびに脱げそうになるのだ。歩きにくいだけではなく、足をすくわれやすく、非常に危険な状況になる。

避難時に履きたいのは、長靴ではなく厚底タイプの運動靴。ただし、サイズが大きめだったり、ひもが緩かったりしたら歩きにくい。足に合ったものを履き、ひもを強く結ぶようにしよう。また、マリンシューズは濡れても快適だが、底が薄いのが難点。ガラスやがれきでけがをしやすいのでＮＧだ。

# 冠水した道路を歩くときの恰好は

雨に濡れて体が冷えると、あとでかぜをひくなど、体調を崩してしまう恐れがある。避難所までは、できるだけ濡れないようにして歩きたい。傘をさすのと、合羽《かっぱ》を着る、どちらのスタイルを選ぶべきなのか。

傘を低くさして雨を避け、慎重に歩いて避難する

×

合羽を着て傘をつきながら歩いて避難する

本当に安全な歩き方は

どっち？

正解

## 傘を杖のようについて、安全を確認しながら歩く

### 泥水で冠水している道路には危険がいっぱい隠されている

雨が降っていると、通常は傘をさして歩く。豪雨のなかを避難するときも、同じようにする人は多そうだが、安全に移動するのは難しい。

道路が泥水で冠水している場合、流れに足を取られてバランスを崩したり、見えない何かにつまずいたりするかもしれない。こうしたとき、通常のように傘をさして歩いていると、体を立て直すことが難しく、より転倒しやすくなるのだ。

豪雨のときの避難時、最も安全を保ちやすいのは、フードつきの合羽を着て雨を防ぎ、傘を体の前で杖のようにつく歩き方だ。冠水している道路には、流されてきた石やがれきなどが隠れている場合が多い。マンホールのふたが開き、見えない落とし穴のようになっていることさえある。傘をついて安全を確かめながら歩くと、こうした危険を避けることができる。

# 冠水した道路を車で走りたいなら

激しい雨が降り続いている、あるいは台風が接近するなかでも、車に乗らざるを得ないことがあるかもしれない。危険な状況に陥らないように、この状況なら走ってはいけない、という目安を覚えておこう。

水深30㎝程度なら問題ないので車で走ってもかまわない

水深30㎝でも車は進めなくなるので、走ってはいけない

身の安全を守れるのは

どっち？

正解

## 水深30cm 程度でも エンジンに水が入って停止する！

### 水深10㎝の浅い冠水でも ブレーキが利きにくくなる

車は構造上、水には非常に弱い。一般的な乗用車の場合、水深が10㎝を超えただけでブレーキ性能が低下するようになるので、慎重に運転しなければならない。

水深が30㎝程度になり、車の床面まで達したら、走らせることはあきらめよう。電気系統が故障して、エンジンが止まる恐れがある。走行中にこうした状況に陥ったら、早く脱出しなければならない。さらに浸水し、タイヤが完全に水没したら、車は浮いて流されるままになってしまう。

冠水した地域は危険なため、早く抜け出したいだろうが、スピードを出すのは禁物だ。速度を上げるほど、車の前後で水が勢い良く巻き上がり、フロントの換気口やリアのマフラーから車の内部に入り込んでしまう。冠水時の走行には十分な注意が必要だ。

# 運転中、車が水没してしまったら

2019年に日本を襲った台風19号では、犠牲者の半数が車に乗っているときに被害にあった。車が水没するという、最悪の状況から脱出できる方法は、「窓ガラスを割る」「ドアを開ける」のどっちだろう。

落ち着いて
ドアを開けてから
脱出する

何か固いもので
窓ガラスを割って
脱出する

**車から脱出できるのは**

**どっち？**

正解

## 胸や首あたりまで浸水したら、ドアを蹴り開けて脱出する

### 脱出用ハンマーがない場合、窓ガラスを割るのは困難

車が深く冠水した部分にはまった場合、急いで脱出しないと命が危ない。だが、水深がドアの下端よりも上になると、水圧でドアは開きにくくなる。あわてて窓を開けて逃げようとしても、電気系統がトラブルを起こすと、パワーウインドウは利かない。

脱出用のハンマーがあれば、サイドの窓ガラスを割って脱出することができる。だが、備えていない場合は、いくら窓ガラスを叩いても割ることは極めて難しい。

閉じ込められたまま、車内にどんどん水が入ってくる……。絶望的な状況のようだが、あきらめてはいけない。水が胸から首の高さになったら、ドアにかかる水圧が小さくなって、足でドアを蹴り開けて脱出できる。もちろん、こうした事態に陥らないように、冠水した道路を避けることが何よりだ。

# 車が水没したあと、水が引いたら

集中豪雨で道路が冠水してしまい、家の駐車場に停めてあった車も水に浸かった。その後、水が引いて、車内が十分乾いたら乗ってもいいのだろうか。それとも、何らかの不具合があるから乗ってはいけないのか。

車が乾いたら、もう乗ってもかまわない

×

整備士などの専門家に確認してもらい、乗れるかどうか判断する

**正しい浸水後の取り扱い方は**

**どっち？**

正解

## 点検を受けないで乗ると、**エンジンが壊れる**恐れあり！

### 高潮の被害を受けた場合は、いきなり発火することも！

集中豪雨や台風のニュースで、浸水した車の映像がよく流れる。こうした場合、水が引いたら、とりあえずエンジンをかけて、車が動くかどうか確かめたくなるだろう。しかし、非常に危険なので、絶対にやってはいけない。エンジン内部に水が浸入した場合、エンジンをかけた途端に壊れてしまう恐れがあるのだ。また、高潮などで浸水したケースでは、海水によって電気系統がショートしやすく、浸水後の走行中や駐車中に突然出火するケースも見られる。

車が浸水したら、まずは販売店や専門業者に連絡し、エンジンをチェックしてもらうようにしよう。国土交通省は点検までの火災防止策として、バッテリーのマイナス側のターミナルをはずし、バッテリーと接触しないようにテープなどで覆うことをすすめている。

# 豪雨時のトイレは

大きな地震があったときは、便器が無事でも、つながっている排水管が壊れた可能性があるので、トイレは使ってはいけない。では、集中豪雨や台風に襲われた場合、トイレは通常通り使ってもいいのだろうか。

普段通りに使っても問題はない

対策をしたうえで、できるだけ使うのは控える

## トイレの正しい使い方は どっち？

## 水のうで便器をふさいで、使用するのは控える

正解

### 下水から逆流してきて、便器から汚水があふれることも!

豪雨のときでも、トイレは使いたい。しかし、使用後に水が流れにくくなる、あるいは水が押し戻されるようになったら、そのトイレには赤信号が灯っている。雨水で排水溝が満杯になり、水が逆流しかけているのだ。

水が完全に逆流すれば、便器の水位が上がって、ついには汚水があふれてしまう。こうした悲惨な事態を防ぐため、豪雨の際には早めに便器に〝ふた〟をしておこう。大きなゴミ袋を二枚重ねにして、水を10ℓ程度入れ、空気を抜いてからギュッと強く縛る。この「簡易水のう」を便器に入れるだけで、水の逆流を防ぐことができる。そのあとはトイレの使用を控え、できれば簡易トイレを使おう。

逆流は浴槽や洗濯機の排水口、洗面台で起こることもある。こうした場所にも、簡易水のうを乗せてふさいでおくと安心だ。

# 水害の被災者になったら

集中豪雨や台風により、床上浸水などの被害を受けて、家の中は悲惨な状態になってしまった……。もとの生活に早く戻りたい、と思うのは当然だ。このとき、最初にやっておくべきことは何だろう。

一刻も早く部屋などを片づけて生活できるようにする

×

どんな状態なのか、写真を撮ってから片づける

**最初にやるべきことは**

**どっち？**

正解

# 被害状況を記録するため、片づける前に写真撮影を

## 「罹災証明書」を取得する際に、被害の程度を証明することが必要

避難所からやっと帰宅できたが、家の中はぐちゃぐちゃ。とにかく片づけなければと、水に浸かった家具や電化製品、畳、カーペットなどを外に出す。元の生活に戻るためには当たり前の手順と思う人は多いだろうが、被災後にまずやるべきことではない。片づける前に、被災状況を写真で記録しておくことが大切なのだ。

災害発生後、各種支援金や公的支援を受けるには「罹《り》災《さい》証明書」が必要となる。その際、被害の程度を証明するため、写真を撮影しておくことが欠かせない。少し引いたアングルでの多角度からの全景、壁にメジャーを当てて撮るなど浸水の深さがわかる証拠写真、壁や窓、各部屋の具体的な被害箇所、といったところがポイントだ。遠景と近景の両方を撮影しておくと、被害状況がより伝わりやすくなる。

# 水害で避難するとき、ブレーカーは

大きな地震が発生し、避難所に向かう際には、通電火災を防ぐためにブレーカーを落としておく必要がある。では、水害で避難する場合はどうだろう。地震と同様に落とすのが正解か、そのままでいいのか。

地震と違って、電化製品は壊れないので、ブレーカーはそのままでOK

×

水害の場合も電化製品は故障するので、ブレーカーを落として避難する

避難時の正しい行動は

どっち？

**ブレーカーを落としておかないと、電気が回復後、火災が起こる恐れが！**

**正解**

## 濡れたブレーカーを触る際は、感電しないよう十分注意を

豪雨の場合、電化製品には物理的な力が加わるわけではないので、ブレーカーを落とす必要はない。こう考えて行動した場合、大切なわが家を火災で失う恐れがある。

地震のときと同じように、水害時にもよく停電が発生する。その後、状況が落ち着いて電気が回復した際、ブレーカーを落としていなかったら大変だ。まだ電化製品が濡れたままだとショートして、最悪の場合、火災につながってしまう。

ライフラインのなかでも、電気は災害に比較的強く、停電から意外に早く復旧することがある。その際、まだ避難所にいる場合、無人の家で発火し、あっという間に家全体に燃え広がるかもしれない。避難の際には落ち着いて行動し、ブレーカーを落としてから避難所に向かうようにしよう。

# 停電になったら冷蔵庫は

台風に襲われたとき、心配なことのひとつが停電だ。この場合、電化製品のなかでも特に気になるのが冷蔵庫。停電が長引けば、保管している食品が傷むかもしれない。どのように対処すれば、長持ちさせることができるのか。

電気が復旧するまで冷蔵庫の扉を開けないようにする

冷蔵庫の食品をクーラーボックスに移し、氷や保冷剤を入れて冷やす

食品が傷みにくいのは

どっち?

正解

## そのままでドアを開けず、電気が復旧するのを待つ

### 冷蔵庫自体が大型のクーラーボックス。移し替える意味がない

停電になったら庫内の温度は徐々に上昇し、食品が傷んでしまう。こう考えて、急いで生ものや冷凍食品を取り出し、保冷剤などと一緒にクーラーボックスに入れておく。なかなか賢い対処の仕方のように思うかもしれないが、逆効果なのでやってはいけない。冷蔵庫自体が非常に性能の高い、大型のクーラーボックスのようなものだ。わざわざクーラーボックスに移すことに意味はなく、かえって食品をより高い温度にさらすことになる。

停電になっても、庫内の温度はすぐには下がらず、家電メーカーによれば、2～3時間は冷えを保つことができる。被災者のＳＮＳなどによると、より長くキープすることが可能ともいう。冷蔵庫や冷凍庫の食品はそのままにしておき、電気の復旧を待つのが得策だ。ドアを開けるたびに庫内の温度は上昇するので注意しよう。

# 水没した家電はどうする

集中豪雨や台風に襲われ、浸水が床上にまで達したら、濡れてしまう電化製品も出てくることだろう。こうした被害にあっても、内部まで完全に乾燥させたら、これまでと同じように使うことができる。この考えは正解だろうか。

製品内部まで完全に乾いても使わない

×

製品内部まで完全に乾かしてから使う

電化製品の正しい扱い方は

どっち？

## 水没した電化製品は危険！漏電する恐れがあるので使わない

正解

### 使えるのかどうか、電器店などで点検してもらおう

家の中が浸水し、冷蔵庫やテレビなどの電化製品の多くが浸かってしまった場合、どうしたらいいのか。ただ水に濡れただけなので、乾けば大丈夫だろうと、数日後、電源をオンにするのはＮＧだ。非常に危険な事態を引き起こす可能性がある。

水没した電化製品は、乾かしても使える保証はない。回路に何らかの異常を起こしており、電気が通ることによって漏電する恐れがあるのだ。すぐに使用しないで、電器店で見てもらい、安全を確認するようにしよう。また、壁に取りつけられているコンセントが濡れていても、漏電を起こしてしまう。プラグを差すのは、十二分に乾かしてからにしなければならない。

なお、２階建ての家で浸水が免れない場合、動かせる電化製品が１階にあるのなら、急いで２階に移動することが大切だ。

# 台風で転倒した
# エアコン室外機は

台風の直撃を受けた場合、猛烈な風によって、ベランダや屋外に置いているエアコンの室外機が倒れてしまうことがある。台風が過ぎ去ったら、エアコンなしでは我慢できないので、早く使いたい。さて、どうしたらいい？

もとの位置に
ちゃんと戻してから
電源をオンにする

×

自分では触らないで、
業者に連絡して
確認してもらう

## エアコン室外機の対応で正しいのは
## どっち？

正解

## 冷媒に触れて凍傷になるかも！
## 業者に連絡して作業を依頼

### もとに戻そうとする作業中に、新たな破損が生じてしまうことも

台風が直撃しそうな場合、普段、ベランダや庭に置いてあるものは、できるだけ片づけておくことが大切だ。とはいえ、物干しざおや植木鉢は室内に持ち込むことができるものの、エアコンの室外機を動かすのは無理。その結果、猛烈な風を受けて、室外機が倒れてしまうケースがある。

こうした場合、もとの位置に戻したくなるだろうが、手を出してはいけない。作業をしている間、空気を冷やす働きのある「冷媒《れいばい》」ガスが漏れて、皮膚に凍傷を起こす恐れがあるからだ。ほかにも、負荷のかかる動かされ方によって新たな破損個所が生じたり、重い室外機を動かすときにけがをしたりすることも考えられる。

転倒した室外機を動かしていいのは専門業者。電器店やメーカーに連絡して、作業を依頼するようにしよう。

# 台風や集中豪雨の直前に、やってはいけない

数日後、大型台風が襲ってくる、
あるいは集中豪雨の発生する
可能性が高まった。
緊迫した事態のなか、やるべきこと、
やってはいけないことは？

Data 4

# 風の強さと吹き方

**大雨に加えて、強い風を伴うのが台風。風の強さの目安を知っておき、やってはいけないことを考えよう。**

### ▷強い風 ▸ 風速15m以上20m未満／秒

風に向かって歩けなくなり、転倒する人も出てくる。電線が鳴るようになり、看板やトタン板がはずれはじめる。屋根瓦ははがれるものがある。

### ▷非常に強い風 ▸ 風速20m以上30m未満／秒

何かにつかまっていないと、立っていられない。細い木の枝が折れたり、根の張っていない木が倒れるようになる。風速30m／秒近くになると、走行中のトラックが横転するようになる。

### ▷猛烈な風 ▸ 風速30m以上／秒

風速35m／秒ほどになると、多くの木が倒れ、電柱や街灯、ブロック塀でも倒れるものが出るようになる。風速40m／秒を超えると、倒壊する住宅が出てくる。

気象庁「風の強さと吹き方」より

# 冷蔵庫の氷や保冷剤は

台風の来襲が予想される場合、停電になるかもしれない、と考えておこう。そこで、台風が来る直前、暑さをしのぐための対策として、冷蔵庫で氷を多めに作り、保冷剤も新たに冷やしておく。こうしておけば安心できる？

停電に備えて、
氷や凍った保冷剤を
多く作っておく

×

氷や凍った保冷剤は
新たに
作らないようにする

冷蔵庫でやるべきことは

どっち？

正解

## 台風が来る直前は、氷や凍った保冷剤は作らない

### 氷を作るときには負担がかかり、庫内の温度は上昇する

暑いなか、停電になって冷房が利かなくなると、体調を崩してしまいかねない。そこで、台風が来る直前に、氷や凍った保冷剤をたくさん作っておく。正しい対処の仕方だと思うかもしれないが、冷蔵庫の性能に反するので、やってはいけない。

氷を作ったり、保冷剤を凍らせたりする場合、じつは冷蔵庫の中の温度は上昇する。その状態のときに停電が起こると、食品が傷みやすくなってしまう。良かれと思ってやることが、かえって事態を悪化させるのだ。

台風による停電対策として、氷をたくさん作っておきたい場合、まだ台風が相当遠くにいて、来襲までに時間がかかるうちに余裕を持って用意するようにしよう。これは計画停電のときも同じで、直前になってから負担をかけないのが得策だ。

# 台風の進路がややそれたら

まるで台風が自分の住む地域を狙っているかのように、真っすぐ向かってくる。しかし、ようやく進路が変わって、どうやら直撃は免れそうだ。こういった場合、たいした被害はないと安心していい？

台風に直撃されないので、安心する

×

台風がどちら側にそれるかで備えを考える

台風の備えで正しいのは

**どっち？**

## 進路の右側は、左側と比べて風も雨も激しくなる

正解

### 直撃はしなくても、右側なら一層の台風対策が必要

台風が日本を目指しているとき、進路がとても気になるだろう。予想図を見て、直撃されるかも……と心配していたところ、ようやく進路がずれた。こうした場合、これでひと安心と思うかもしれない。しかし、まだ気を抜くには早い。自分が住んでいる地域が、台風の進路の右（東）側になるのか、左（西）側になるのかで危険度は随分変わってくる。風も雨もより激しくなるのは、進路の右側だ。

台風は中心の「目」の周りで、必ず反時計回りに回っている。このため、進路の右側では、台風が作り出す激しい風に、台風自体を移動させる風がプラスされ、左側よりも勢力が強くなるのだ。

直撃こそ免れそうでも、進路の右側に当たるのなら、決して安心せず、万全の台風対策を取るようにしよう。

# ベランダの洗濯機は

築年数の長い集合住宅や１人暮らし用物件に多いのが、洗濯機をベランダに置くタイプ。こうした部屋に住んでいる場合、洗濯機にもしっかりした暴風対策が必要だ。風が強くなる前に、やっておくべきことは何だろう。

風で飛ばされないように洗濯槽に水をいっぱい溜めておく

×

風で飛ばされないようにふたやホースをしっかり固定しておく

洗濯機の正しい台風対策は

どっち？

正解

# 水を溜めておき、その重みで飛ばされないようにする

## ふたを固定するだけでは台風対策として全然足りない

ベランダに洗濯機を置いていると、洗濯ものを干すのが簡単で、水漏れでトラブルになることも少ない。こうした一方、台風が来ると強風にさらされてしまうデメリットがある。部屋に持ち込むことができれば、いちばんいいが、なかなかそういうわけにもいかない。そこで、ふたが強風で飛ばされないように、ガムテープや針金などで本体に固定する。同じく、ホースやコードも暴れないように処理しておくことが大切だ。

しかし、これだけでは足りない。最も危険なのは、猛烈な風によって、洗濯機自体が飛ばされてしまうことだ。ただ壊れるだけではなく、周囲の家や人に直撃したら大変な事態になる。その対策として、台風前には洗濯機の中に水をいっぱい入れておこう。こうしておけば、水の重みで洗濯機は飛ばされず、倒れることもない。

# 車のカバーは

自家用車を大事にしている人は、台風の襲来が予想されたら、車体を保護するための車カバーをかけておくことも少なくない。まだ持っていない場合、どういった購入の仕方をすればいいだろう。

値段をチェックし、安い車カバーを購入してかけておく

×

値段では決めず、裏をチェックして購入しかけておく

車を強風から守れるのは

**どっち?**

正解

## 裏起毛のある
## 厚手の車カバーをかけておく

### 薄い車カバーをかけておくと、強風でこすれてボディが傷つく

自家用車を持っていて、屋外の月極駐車場を利用している、あるいは自宅のカーポートに停めている場合、台風の進路が特に気になるものだ。暴風によって木の枝や瓦、空き缶などが勢い良く飛んできて当たったら、ボディが傷ついてしまう。

飛来物から車を保護するには、車カバーをかけておくのが効果的。まだ持っていない場合は、カー用品ショップで購入することになる。この場合、商品の値段をチェックして安いものを選ぶ、という買い方はしてはいけない。安くて薄い車カバーをかけていたら、台風の強風で激しくこすられて、かえってボディに細かい傷がつくことがあるからだ。

台風に備えるための車カバーは、裏起毛のある厚手のタイプ。これなら、強風でこすられても傷はつかないので安心だ。

# マンションの地下駐車場は

マンションのなかには、住民用の駐車場を建物の地下に設けているものもある。こうしたタイプのマンションに住んでいる場合、台風が襲来する前に、何かやっておくべきことはあるのだろうか。

地下駐車場は安心できないので安全な場所に移動する

×

台風が来ても安全な構造なのでそのまま駐車する

## 台風から車を守れるのは

## どっち？

正解

# 冠水する恐れがあるので、安全な駐車場に移動する

## 川の近くの月極駐車場も大雨で冠水する恐れあり

マンションの地下駐車場は、暴風については安心だ。カーポートや月極駐車場とは違って、飛来物によってボディや窓が傷つく恐れはない。そのまま駐車していても、問題は何もないように思うかもしれない。

しかし、地下駐車場は大雨が流れ込みやすい構造なので、台風や集中豪雨に襲われた場合、安心して駐車できる場所ではない。実際、地下駐車場に停めていて、大雨によって排水が追いつかず、車が浸水したケースは少なくない。こうした場合、管理会社の過失は問われず、自己責任として扱われることも考えられる。

大雨が予想された場合、念のため、前日のうちに車を動かし、安全な立体駐車場などに移動しておくほうがいい。月極駐車場が川のすぐ近くにある場合も、同様の備えをしておきたい。

# 地震の備えで、やってはいけない

いつ、どこで発生するのか
わからない大地震。
誤った対策をしていると、
激しい揺れに襲われたとき、
最悪の事態を迎えてしまう。

Data 5

# 家具の転倒

大地震が発生すると、家具の下敷きになってけがをしたり命を失ったりする恐れがある。日ごろの備えが大切だ。

### ▷家具類の転倒・落下が原因のけが人の割合

| | |
|---|---|
| 阪神・淡路大震災<br>（1995年／**最大震度7**） | 46% |
| 宮城県北部地震<br>（2003年／**最大震度6強**） | 49.4% |
| 福岡県西方沖地震<br>（2005年／**最大震度6弱**） | 36% |
| 新潟県中越沖地震<br>（2007年／**最大震度6強**） | 40.7% |

### ▷東京湾北部地震（首都直下地震の1つ）による負傷者数の想定

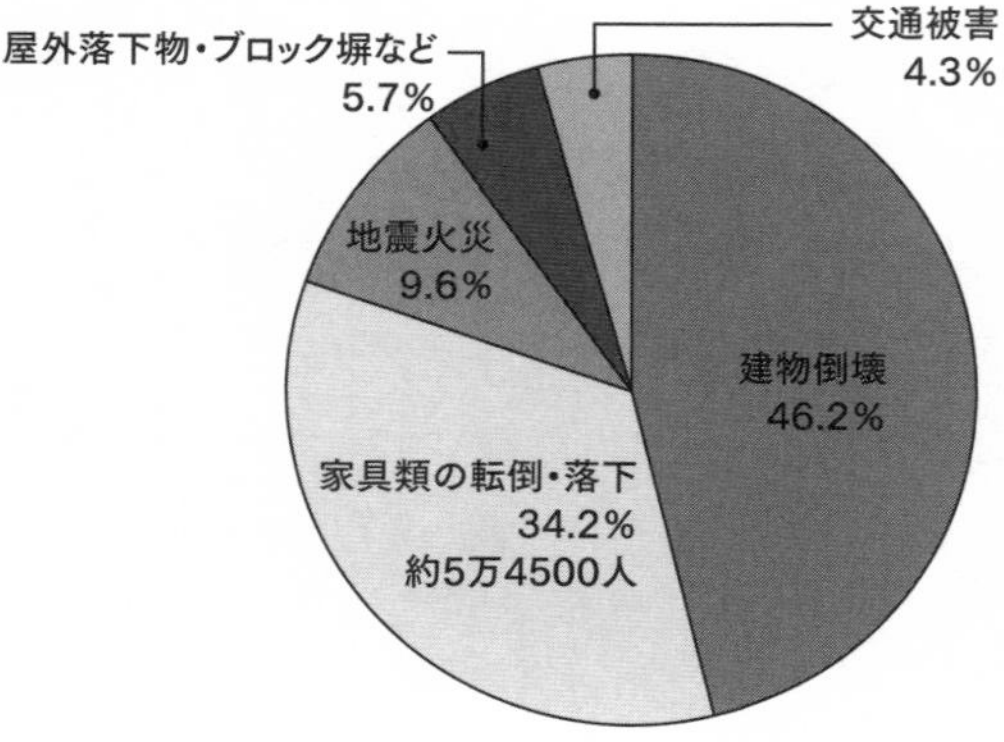


「東京都耐震ポータルサイト」、
日本建築学会「阪神淡路大震災 住宅内部被害調査報告書」より

# 家具を突っ張り棒で固定するには

地震のときに怖いのが家具の転倒だ。背の高い家具を固定するには、突っ張り棒タイプの器具が便利。1本で真ん中を支えるのと、2本で両脇を支えるのとでは、耐震性の面ではどっちに軍配が上がるだろう。

家具の天板のちょうど真ん中を1本で支えて安定させる

×

家具の両脇を2本の突っ張り棒でしっかり支える

**地震のときに安心なのは**

**どっち？**

正解

# 下に横板がある両脇を支えると強度がアップ！

## 天板は強度が低い部分なので、地震の揺れで突き破ってしまう

たんすや食器棚など、背の高い家具の転倒防止に効果が高いのが、突っ張り棒タイプのポール式器具。地震対策の基本のひとつとして、取り入れている人は多いだろう。しかし、使い方を間違えると、耐震性はぐっと低くなるので注意が必要だ。

やりがちな失敗が、家具の天板の真ん中を1本の突っ張り棒で支えること。安定するように思えるのだろうが、これでは激しい揺れをガードし切れないかもしれない。両脇と後ろ側以外、天板の下は空洞になっているので、地震の衝撃によって、突っ張り棒が天板を突き破る可能性があるのだ。

突っ張り棒を施す位置は、家具の天板の両脇が正解。ここなら、下に板があるので強度が高く、地震の揺れに耐えることができる。さらに、天井の梁《はり》がある部分に上部を当てると、強度はより高くなる。

# 冷蔵庫の扉をロックするなら

地震の際、揺れで大きく動いて、人を傷つける凶器になりかねないのが電化製品。なかでも冷蔵庫は大きいので、しっかりした対策が必要だ。有効手段の一つであるドアストッパーは、どうやって取りつけるのが正解なのか。

最下段だけはロックしないほうが安定するのでそのままに

×

揺れで開くと危険なので、すべての扉をロックしておく

**より安全なロックの仕方は**

**どっち？**

## 最下段はロックの必要なし。飛び出た扉が転倒防止に有効

正解

### 地震時、冷蔵庫は凶器に！事前の対策が絶対に必要

冷蔵庫は最近、大型化が進んでいるので、地震の揺れで倒れて下敷きにされたら大変だ。キャスター式なら、激しく動き回って、そこらじゅうを破壊する凶器になる。また、転倒して出入り口をふさがれた場合、脱出できなくなってしまう。転倒防止用のベルトなどを使って、地震に備えておかなければならない。

冷蔵庫の扉や引き出しについても対策が必要だ。勢い良く開くと危険なうえに、保管している瓶などが飛び出して、割れたガラスなどが散乱する恐れがある。ロックできるドアストッパーを取りつけておこう。

ただし、最下段だけはドアストッパーをつけないほうがいい。揺れで最下段の引き出しが飛び出ると、倒れかけたときに支えになって、一層の転倒防止を図ることができる。

# 食器棚の皿の重ね方は

地震が発生すると、悲惨な状態になりやすいのが食器棚。コップが倒れて粉々になるのはもちろん、重ねて収納していた皿も揺れでずれ落ちて割れることがある。安全性の高い収納方法はあるのだろうか。

大皿を一番下にして、次に中皿を置き、その上に小皿の順で重ねる

×

中皿を一番下にして、次に大皿を置き、その上に小皿の順に重ねる

より安定する皿の重ね方は

どっち？

正解

# 中皿の上に大皿を乗せれば、大皿が揺れにくくなる！

## 一般的な「小↑中↑大」の重ね方は、小皿と中皿が大きく揺れる

食器棚の中で、皿は数枚を重ねて収納されることが多い。圧倒的多数の人がやっているのが、最も下に大皿を敷き、その上に中皿、さらに小皿という順番で重ねる方法だ。このノーマルな重ね方をすると、皿が最も安定するように思える。しかし、じつは揺れると、より広い大皿の上で中皿が、中皿の上で小皿が動きやすく、あっけなく崩れてしまう。

揺れても皿が動きにくいのは、最も下に中皿を置き、その上に大皿、そして小皿を乗せる重ね方だ。こうすると、大皿が動きにくいため、小皿の動きも小さくなり、地震が起こっても崩れにくいのだ。かなり変則的な方法だが、試してみる価値は十分にある。

サイズの違う皿の間には、キッチンペーパーを敷いておくと、滑り止めになって揺れにくくなるので、この方法も試してみよう。

# オーブントースターなどの小型家電は

家の中でも、さまざまな電化製品や道具類が多いのがキッチン。大型の冷蔵庫などは地震対策が必須だが、小型のオーブントースターなどはどうだろう。何らかの対策が必要なのか、それともいらないのか。

軽くて
動きやすいので
固定しておく

✕

軽くて
危険ではないので
固定しないでおく

キッチンが安全なのは

## どっち？

正解○

# 軽い小型の電化製品も地震で動かないように固定を

## 地震のとき、トースターや炊飯器は、宙を飛ぶ凶器に変身する！

地震のときに危険な電化製品は、大型で重い冷蔵庫やテレビ。こうしたものには、しっかりした地震対策が必要だが、小型で軽いオーブントースターなどについては、特に対策を考えなくてもかまわない。こう考えている人は少なくないようだが、残念ながら想像力が足りないのではないか。

激しい揺れが発生すると、大型の電化製品は転倒することが多い。これに対して、小型の電化製品は宙を飛ぶ凶器となって、近くにいる人に襲いかかるのだ。対策なしでOKだなんて、とんでもない。粘着式のマットなどを使って、動かないように固定しておこう。

キッチンは電化製品や調理器具、食器類などが多く、家の中でも危険な場所。ほかにも、重い鍋は高いところには置かないなど、日ごろから危険を遠ざけることが重要だ。

# 寝室に備える避難用の履物は

就寝中、激しい揺れに襲われて、家具が転倒し、床にガラスが散乱したら……。はだしのままでは寝室から脱出する際に危険なので、ベッド近くに履物を備えておこう。どういったタイプが適しているだろうか。

すぐに足を突っ込めて
履きやすい
スリッパを用意する

×

動きやすくて
安全に移動できる
運動靴を用意する

安全に避難できるのは

どっち?

# 厚底タイプの運動靴をベッド下などに置いておく

正解

## スリッパは底が薄いので、安全に避難できない可能性が

夜間に地震が発生することを想定して、寝室のベッドサイドにスリッパを用意している人は多いだろう。スリッパは足を突っ込むだけなので履きやすく、スピーディに次の行動に移せるという利点がある。

しかし、スリッパにはデメリットも少なくない。底が薄いのに加えて、足が全部包まれるわけではないので、割れた窓ガラスなどでけがをしやすいからだ。また、「履きやすい」という長所は、裏を返せば「脱げやすい」という短所でもある。避難用の備えとしてベストな選択とはいえない。

履きやすく、動きやすく、安全性もそれなりに高いのは運動靴だ。底の薄いランニングシューズなどではなく、厚底タイプのスニーカーがいいだろう。わざわざ毎夜、下駄箱から持ってくるのは大変だ。ベッド下の収納スペースなどに置いておくようにしよう。

# 突然の揺れに対する備えは

いつか来る地震の対策を心がけることは大切だが、意識し過ぎるとしんどくて、続かなくなってしまう。日常のなかで、無理なくできることがあればいいのに……。こう思う人に、手軽で有効な対策を紹介しよう。

**リビングにはクッション、和室には座布団をいつも置いている**

×

**すっきりさせたいので、クッションや座布団は置いていない**

**地震の揺れから身を守れるのは**

**どっち？**

# クッションや座布団があるだけで、揺れから頭を守れる

**正解**

## 激しい揺れに襲われた場合、頭を保護するのが最優先

シンプルなインテリアが好きな人は、部屋をできるだけすっきりさせたい。リビングにソファやクッションは必要ないし、和室では座布団を押し入れに入れっぱなし。こうすれば、確かにおしゃれな空間にはなりそうだが、防災という点では正解とはいえない。

震度6強や7の激しい揺れが発生したら、這って逃げることも難しくなる。こういった場合、とにかく頭だけは守りたい。しかし、手近にガードできるものがなければ、無防備なままでいなければならない。クッションや座布団があれば、それを頭にかぶって、危険な落下物からガードできるのだ。

リビングや子ども部屋にはクッション、和室には座布団を出しておくだけでいい。何の手間もかからず、意外に有効な防災対策になるので、やっておかない手はないだろう。

# 住まいの耐震については

一戸建ての住宅に暮らしている人の場合、地震でもっとも怖いのは建物の倒壊。特に危険なのは「旧耐震基準」で建築された古いタイプの木造住宅だ。これに対して、「新耐震基準」なら倒壊することはないので安心？

安全な耐震基準で
建てたから
地震対策はほどほどで

耐震基準は安全だが、
倒壊の恐れもあるので、
地震対策は万全に

より身を守れるのは

どっち？

## 新耐震基準の建物でも、万全な地震対策が必要

正解

### ２０１６年の熊本地震では、新耐震基準の建物が多数倒壊した

１９７８年、宮城県沖地震で大きな被害が出たことから、１９８１年に建築基準法が改正。震度6強から7の揺れでも倒壊や崩壊を妨げる「新耐震基準」が用いられるようになった。その後、２０００年に改定されていまに至る。

大地震が発生した場合、旧耐震基準の住宅は危険だが、新耐震基準なら安心。こう思ってはいないだろうか。しかし、２０１６年に発生した熊本地震の際には、新耐震基準の建物が99棟も倒壊した。震度7の揺れが2回も発生したことにより、耐え切れなかったのだ。

この熊本地震の被害状況によって、新耐震基準の建物でも場合によっては倒壊することが明らかになった。地震対策を怠っていると、新築の建物でも大きな被害を受ける可能性があるわけだ。万一の事態を考えて、できる限りの対策を取るようにしておこう。

# 高層マンションに住んでいるなら

マンションは耐震性が高くて安全とされ、東日本大震災でも倒壊や大破したものはなかった。高層マンション暮らしの人も安心して、備蓄などはあまり考えなくてもいいのだろうか。それとも、やはり必要なのか。

地震が起こっても安全性は高いので、防災はあまり気にしない

×

地震が起こったら出入りが難しくなるので、備蓄を心がける

マンション暮らしの正しい行動は

## どっち？

### 正解

## エレベーターが止まると動けない。水や食料、日用品の備蓄を

### 部屋にこもって、買い物に行けず、トイレも使えなくなるかも

超高層マンションは、一般的には地震の揺れに耐えるとされている。積極的に防災対策を取らない住民がいても、無理はないかもしれない。だが、じつは超高層マンションに暮らしている人こそ、大地震のときには被災者になる可能性が高い。

停電が発生すると、エレベーターが使えなくなるので、階段を使わざるを得なくなる。上階に住む人は動く気にならないだろう。それでも生活はできるので、おそらく在宅避難が基本とされ、避難所に行くこともできない。

マンション内にこもるので、買い物は無理。しかも水道は止まり、排水管がチェックされるまではトイレも使えない。大地震のあと、じつは過酷な事態になるのが、超高層マンションの上階に住む人たちなのだ。万一のために、水や食料、日用品、簡易トイレなどの備蓄を忘れてはならない。

# 日ごろの備えで、やってはいけない

突然、地震や水害の被災者に…。
日ごろの備え方が
間違っていた場合、
被災後の暮らしは
一層悲惨になってしまう。

Data

6

## 備蓄の内容

**災害に備えて、日ごろから水や食料などの備蓄が欠かせない。どういったものを用意しておけばいいのか。**

### ▷大人2人・1週間分の備蓄例

- ☑ 飲料水（P124・126参照）
- ☑ カセットコンロ、ボンベ……12本
- ☑ 米……2kg×2袋
- ☑ 乾麺（うどん・そば・そうめん・パスタ）
  例……そうめん300g入り2袋、パスタ600g入り2袋
- ☑ カップ麺……6個
- ☑ パックご飯……6個
- ☑ シリアル類……適宜
- ☑ カレーなどのレトルト食品……18個
- ☑ パスタソース……6個
- ☑ 肉や魚の缶詰……18缶
- ☑ その他
  たまねぎ・じゃがいもなどの日持ちのする野菜、インスタントみそ汁や即席スープ、梅干し・のり・乾燥わかめ、野菜ジュース・果汁ジュース、チョコレート・ビスケットなどの菓子類、調味料類……適宜

農林水産省『少し多めに買いおき　～家庭備蓄のススメ～』より

# 飲料水の備蓄の仕方は

大きな地震が発生したら、食品などの流通はストップ。被災地では、しばらくの間、備蓄していたものでしのがなくてはいけなくなる。なかでも重要なのが水だ。もしものために、1人当たり1日何ℓを用意しておけばいいのか。

飲料水は
1人当たり1日1ℓ
あれば大丈夫

×

飲料水は
1人1日3ℓを目安に
備蓄しておく

**備蓄しておきたい飲料水の目安は**

**どっち?**

正解

## 飲む水＋調理用で 1人1日3ℓ×家族分を用意

### 普段は飲む水だけではなく、料理からも水分を摂取

食料がなくても2～3週間は生きていられるが、水がないとわずか4～5日で命が危険にさらされる。災害に対する備蓄のなかでも、特に重要な項目なので、絶対に備えておかなければならない。

人間が必要とする最低限の飲料水は、1人1日1ℓ程度とされている。しかし、この数字を備蓄の目安にしてはいけない。私たちは普段、飲みもののほかに、食品や調理した料理からも水分を摂っているからだ。こうした分も計算して備蓄しておかないと、被災後、体は水分不足に陥ってしまう。

体重1kg当たりでいえば、トータルで必要な水分量は1日50mℓ程度。体重50kgの人なら2・5ℓ、60kgなら3ℓほどの水分がほしい。ざっくりと1人3ℓをベースにし、家族の人数をかけた数字が1日に必要な飲料水だと覚えておこう。

# 備蓄しておくペットボトルは

飲料水はペットボトル入りのものを備蓄することになる。大型の2ℓや飲み切りタイプの500mℓなど、ペットボトルの容量はいろいろだ。被災したときに効率的なのは、どういったサイズのものだろう。

管理しやすいように
2ℓ入りで
統一してそろえる

×

サイズの違う
ペットボトルを
複数用意する

ペットボトルの正しい備え方は

**どっち？**

正解

# 飲料用は500mℓ、料理用は2ℓ入りを使うのが便利

## 1日で飲み切れて衛生的な500mℓのペットボトルもほしい

ミネラルウォーターのペットボトルには、２ℓや１ℓ、５００mℓなどさまざまなタイプがある。保管しやすいのは、２ℓの大型ペットボトルで統一することだろう。ただし、いざというときの使い勝手からいうと、２ℓと５００mℓを混ぜて備蓄しておくほうがいい。

２ℓ入りを口から飲むと、１日で飲み切れない場合、残った水に雑菌が繁殖する可能性がある。これに対して、飲み切りサイズの５００mℓなら、口をつけて飲んでも衛生上の問題はない。５００mℓは口から飲む水、２ℓは料理用と考え、この２タイプを備えておくのが賢い備蓄の方法だ。

ペットボトルを備蓄する場合、段ボールに詰めておくと、クローゼットや部屋の隅などに置きやすくなる。収納スペースの少ないマンションでは、特にこの方法が使えそうだ。

# 食料と飲料水の備蓄量は

地震の発生により、被災地ではスーパーやコンビニが営業できなくなる事態を想定し、食料を備蓄しておくことが欠かせない。救援物資が届くようになるまで、どの程度の量を備えておけば安心なのか。

救援物資が来ない
1週間分を
用意する

✕

当初しのげる
3日分を
用意する

被災後、安心して過ごせるのは

**どっち？**

正解

# 大規模災害を想定した場合、1週間分の備蓄が必要

## 大地震が発生したら、3日程度では物流は回復しない

地震が起こったときのために、3日分の水と食料を備えておくことが必要だ、とよくいわれる。しかし、これは少し前までの常識なので、情報のバージョンアップが必要だ。

いまは南海トラフ地震や首都直下地震など、大規模災害に備えなければならない時代。発生したら、道路や鉄道などの交通インフラが広範囲にわたって遮断される。その間、被災地は孤立し、食品などの物流が完全にストップ。発生してから数日たっても、食料がまったく届かない可能性は十分ある。

こうした大規模災害を想定した場合、3日や4日分程度の水や食料をストックしていても足りない可能性は高い。このため、できれば1週間分の備蓄が大切なのだ。特に、大規模地震の発生が予想される地域では、より多くの備蓄を心がけるようにしよう。

# 食料の備蓄の仕方は

首都直下地震などの大規模災害を想定すると、被災後1週間をしのげる量の水や食料を備蓄しておくことが望ましい。とはいえ、その量は膨大だ。どのように備蓄しておくのが賢いやり方なのだろう。

災害用の非常食を
常に1週間分
備蓄しておく

普段食べるものも
備蓄品としてカウントし
1週間分を備えておく

**被災後、安心して過ごせるのは**

**どっち?**

正解

# レトルト食品や缶詰を普段から多めに買って備蓄品に

## 食べたら買い足す方式の「ローリングストック」で備蓄を

1週間分の備蓄が必要といわれても、量が多過ぎるからと、困ってしまう人は少なくないだろう。それでも頑張って、乾パンをはじめとする非常食を大量に購入し、マンションの収納スペースや家の押し入れに目いっぱい入れておく。真面目な人の場合、こういった行動に出るかもしれない。

だが、誤解してはいけない。備蓄品がイコール、防災用の非常食、というわけではないのだ。普段の暮らしのなかで食べているレトルト食品や乾麺、缶詰なども備蓄品にカウントしてかまわない。

おすすめは「ローリングストック」という備蓄の仕方。普段から、レトルト食品などを多めに買っておき、食べたら追加する方法だ。こうすれば、常に相当な量が備蓄できていることになる。食べ慣れたものを被災時に口にできるというメリットもあり、食のストレスが小さくなって一石二鳥だ。

# 備蓄品の置き場所は

いざというときの災害に備えてストックしておく備蓄品。必要とされる分をしっかり準備したら、相当な量になるだろう。被災したときの使いやすさを考えると、どういった保管の仕方が最適なのか。

玄関や納戸などに分散して保管しておく

×

取り出しやすいように1カ所にまとめて保管しておく

安心できる保管の仕方は

## どっち？

正解

## 数カ所に分散して保管し、取り出せなくなるリスクを避ける

### まとめて保管しておいた場所が地震の被害を受けたら大変

最低でも3日分、大規模災害が予想される地域では1週間分を備蓄すると、ローリングストックを心がけても、やはりそれなりの量になる。どこにストックしておくのがいいだろうか。

必要になるのは何年先なのかわからないからと、押し入れやクローゼットの奥などに、まとめて詰め込んでおくケースもありそうだ。けれども、1カ所に集約しておくのは問題だ。地震の揺れによって、そこまでの通路がふさがれてしまうと、せっかく用意していた備蓄品をまったく使えなくなる。

こうしたリスクを避けるため、備蓄品は分散して保管しておくほうがいい。マンションの場合、キッチンや玄関、廊下収納、クローゼットなどに分散させるのがおすすめだ。一戸建てなら、1階と2階に分けておくと、水害の際にも対応できる。

# 火をおこすための道具は

地震や台風によって、ガスや電気がストップしたら、火をおこす道具が必要になる。そのために使えるアイテムは、ライターかマッチの二択。非常持ち出し袋に入れておくべきなのはどっち？

非常持ち出し袋の中にライターを用意しておく

非常持ち出し袋の中にマッチを用意しておく

非常時、火をおこすのに便利なのは

どっち？

正解

## 長期間の保管に耐える
## マッチを火おこし道具に

### ライターは保管している間、ガスが少しずつ抜けていく恐れが

火をつける道具として、多くの人がすぐに思い浮かべるのはライターだろう。百円ショップなどで安価なライターを購入し、非常持ち出し袋に入れておくと、いざというときに活躍してくれそうだ。しかし、ライターはこうした使い方に向かないので、やめておいたほうがいい。

ライターは時間がたつにつれて、ガスが少しずつ揮発していく。このため、長期間にわたって保管を続けていると、いざというときに火がつかないことがあり得るのだ。

これに対して、マッチは時間がたってもほとんど劣化しない。湿気に強くないという注意点さえ守れば、長期間保管しておくアイテムとしてとても優れているのだ。非常持ち出し袋にライターを入れている人は、早めにマッチに取り替えておこう。

# 備えておく手袋のタイプは

地震や水害が発生したら、被災地には木材やガラスの破片、がれきなどが散乱する。避難や後片づけをする際には、手袋がないとけがをしてしまう。非常持ち出し袋に入れておくと便利なのは、どういった手袋か。

使い捨てのできる軍手を複数用意しておく

軍手に加えて丈夫な厚手の手袋も用意しておく

被災現場で使いやすいのは

## どっち？

正解

# がれき撤去作業のできる丈夫な手袋が必要

## 被災現場で軍手を使って作業すると、手をけがしてしまう恐れが大

がれきが散乱するなか、避難所まで歩く。あるいは、自宅や周辺で木片やガラス片を撤去する。こういったときには、手を保護するための手袋が必要だ。現場の作業で使う手袋といえば、まず軍手を思い浮かべる。すでに非常持ち出し袋に加えている人もいるだろうが、じつは被災現場には適していない。軍手は尖った木片やガラス片を扱えるようなつくりではないので、撤去作業などでけがをしやすいのだ。

被災現場では軍手ではなく、危険なものから手をしっかりガードできる手袋が必要になる。厚手の皮の手袋か、刃物でも傷つかない特殊な繊維を使った手袋がいいだろう。被災地では衛生状態が悪くなるので、けがをすると破傷風を発症する恐れがある。危険な作業をする場合は、こうした丈夫な手袋を必ずつけるようにしよう。

# 備えておく トイレットペーパーの量は

地震や水害に見舞われたあとも、毎日必要となるのが日用品のトイレットペーパー。なくなったら、ただちに困ってしまうが、多めに保管しておくのも置き場所に困る。どの程度を備蓄しておくのがいいだろう。

被災後、1週間程度は困らないように備蓄しておく

×

被災後、1カ月程度は困らないように備蓄しておく

備え方で正しいのは

どっち？

正解

# 南海トラフ地震が発生すれば、約1カ月不足するので備蓄を

## 国内生産の約4割を担う静岡県が被災したら大混乱に

被災後、トイレが使えなくなり、簡易トイレで用を足すことになっても、トイレットペーパーは必要。もしものことを考えて、念のために、1週間程度は困らないように備蓄している人もいそうだ。余裕を持った正しい行動のように思えるかもしれないが、最悪の場合、これでは全然足りない。

じつは、トイレットペーパーの国内生産の約4割は静岡県で行われている。このため、南海トラフ地震が発生したら、生産工場が大きな打撃を受け、一気に供給不足になる恐れがあるのだ。

トイレットペーパーは買い占めが起こりやすい商品で、東日本大震災のときにも全国的に不足した。南海トラフ地震の際には、1カ月程度のさらに大きな混乱が起こると予測されている。この間、困ったことにならないように備蓄しておくことが大切だ。

# 避難所までのルート確認は

地震や集中豪雨などで被災したら、避難所に行くことになるかもしれない。いまのうちに地域の避難所まで実際に歩き、どういったルートなのか確かめておくことが大切だ。正しいのは、次のどっちだろう。

避難所までの最短ルートを歩いて確認しておく

×

避難所までの複数のルートを歩いて確認しておく

**ルート確認の仕方で正しいのは**

**どっち？**

正解

# 被災時には通行できないことも考え、複数のルートの確認を

## ルート確認の際には危険なポイントのチェックを忘れずに

地域の避難所がどこなのか知っていても、そこまでのルートを歩いたことのない人もいるだろう。災害が発生しないうちに、自分の足で歩いてみて、どういったルートなのか確かめておこう。

地震のあとや大雨の真っ最中には、できるだけ早く避難所まで行きたい。この考えから、いくつかあるルートのなかで、最短ルートだけを歩いてチェックしておくのはどうだろう。

しかし、災害時は何が起こるかわからない。その最短ルートが、建物崩壊や落下物、浸水などによって通れないことも十分考えられる。最短ルートだけではなく、複数のルートを歩いておくことが重要だ。歩く際には、ルート上の古い建物やブロック塀、自動販売機、ガラス張りのビル、頭上の大きな看板、川や用水路など、危険なポイントをチェックしておこう。

# 普段の暮らしで、やってはいけない

普段、そのように暮らしていると、
万一の事態になったとき、
被害が格段に大きくなる！
そういったNG行動を
多数紹介しよう。

Data

7

## 想定されている大規模地震

近い将来、複数の大地震が発生することが想定されている。特に警戒すべき大地震の発生確率と被害の想定は?

### ▷想定されている大規模地震

**首都直下地震**

南関東で30年以内に約70%の確率で、マグニチュード7クラスの地震が発生。死者・行方不明者数は約2万3000人。住宅全壊戸数は約61万戸。

**南海トラフ巨大地震**

西日本全域に及ぶ、超広域震災。30年以内に約70%の確率で、マグニチュード8〜9クラスの地震が発生。死者・行方不明者数は約32万3000人。住宅全壊戸数は約238万6000戸。

〈参考〉

**東日本大震災**

マグニチュード9.0。死者・行方不明者数は約2万2000人。住宅全壊戸数は12万1768戸。

内閣府「防災情報のページ」より

# 寝室のカーテンの閉め方は

あなたは防犯と安眠のために、寝室のカーテンはしっかり閉めているだろうか。それとも、朝、明るい光が差し込んで目覚めやすいように、閉めないで寝る？　いざというときに安全なのはどっちだ。

安心できないので、しっかり閉めてから眠りにつく

×

目覚めやすいように開けたままで眠りにつく

もしものときに安全なのは

## どっち？

正解

# カーテンを閉めて寝ると、窓ガラスの飛散を防止できる

## より安全なのは、窓に飛散防止フィルムを張ること

8時間の睡眠を取るのであれば、寝室にいる時間は1日の3分の1。ということは、寝室で地震にあう確率も、同じ3分の1あるわけだ。寝ている間、激しい揺れがあっても身を守れるように、できるだけの対策をしておこう。

すぐにできるのは、カーテンを閉めて寝ることだ。カーテンは光をさえぎるだけでなく、割れた窓ガラスの飛散の防止もしてくれる。ガラスの破片が室内に飛び散るのと、カーテンの外側にとどまるのでは大違い。たったカーテン1枚で、寝室内の危険度は随分変わるのだ。

でも、朝はやっぱり、寝室に入ってきた光で目覚めたい。こういった人は、窓ガラスに飛散防止フィルムを貼り、カーテンを開けて寝るのがいいだろう。もちろん、カーテンを閉めて寝る人も、飛散防止フィルムを貼ると、安全性が一層高まるのでおすすめだ。

# カーテンやカーペットの買い方は

部屋はインテリア次第で、雰囲気をガラッと変えることができる。カーテンやカーペットの選び方は大切だ。では、選ぶ際のポイントは色やデザインか、それともほかにチェックする点があるのだろうか。

色やデザインをよく吟味し、部屋に合ったものを選ぶ

×

色やデザインに加えて、「防炎」というマークのあるものから選ぶ

万一のとき、安全なのは

**どっち？**

## 燃えにくい処理が施されている「防炎」マークの商品を

正解

### 高層マンションでは義務づけられているので必須

カーテンやカーペットに火が燃え移ると、あっという間に広がってしまう。購入の際は色やデザインだけでは決めないで、素材が燃えにくいかどうかも判断基準にしたいものだ。

そのアイテムが火事に強いかどうかは、簡単に知ることができる。赤い太字で「防炎」と書かれたラベルがあるかどうか、チェックするだけでいい。この防炎マークは、日本防炎協会が実施する試験と審査に合格したことを示すものだ。燃えにくいことが実証されているので、万一出火しても、火の広がりを防ぎ、初期消火や脱出するための時間を稼ぐことができる。

なお、高さ31mを超える高層マンションでは消防法によって、居住している階に関係なく、カーテンなどは防炎マークのある製品にすることが義務づけられているので注意しよう。

# ベッドサイドの灯りのタイプは

寝る前にベッドで読書をする人は多い。そのようにして眠りにつきやすいのなら、入眠儀式として何も問題はない。だが、ベッドサイドの灯りについては、防災面からよく考えておく必要がある。

長持ちするLEDの照明をつけて読書をする

✕

温かい光の白熱灯をつけて読書をする

安全に読書ができるのは

**どっち？**

正解

# 高熱になる白熱電球ではなく、LEDの照明で安全に読書を

## 寝落ちしてライトが倒れ、熱い白熱電球が本に触れたら大変！

天井の照明を消し、ベッドサイドの灯りをつけて、寝るまでの間は読書をする。本好きの人にとっては、1日を締めくくる至福のときだろう。ただし、問題はその灯りの種類だ。

温かみのある色合いが好きだから、白熱灯のライトを使っているという人は少なくない。暖色系の光には、眠気を誘うホルモンのメラトニンの分泌が促されるというメリットもある。しかし、眠る前にスイッチをオフにしないで、そのまま寝落ちしてしまったら……。

注意すべきは、白熱灯は高熱になりやすいことだ。ライトが倒れて、本や布団に接触した場合、出火して火事を引き起こすことがある。眠る前に必ず電源を切る自信がないのなら、ベッドサイドでは白熱灯のライトは使わないほうがいい。高熱にならないＬＥＤの照明を使うことをおすすめする。

# 寝るとき、メガネをはずしたら

メガネで視力を矯正している人も、寝る前には当然はずす。問われる行動は、はずしたメガネを朝までどうしておくかだ。そのまま枕元に置いておくのか、メガネケースに入れるのか。どっちがより良い習慣だろう。

はずしたら、枕元の手の届くところに置いておく

×

はずしたらメガネケースに入れて枕元に置いておく

メガネのためにいいのは

**どっち？**

正解

## 地震が発生することを考え、メガネケースに入れておく

### 枕元にそのまま置いておくと、落下物でメガネが壊れる恐れが

寝る前にメガネをはずしたら、枕元近くの寝返りを打っても大丈夫な場所に置き、眠りにつく人が多いのではないか。しかし、この習慣は改めたほうがいい。平常時なら何も問題はないが、寝ている間に地震が起きた場合、非常にまずい事態に陥るかもしれない。

激しい揺れで、メガネの上に何か重いものが落ちて、レンズが割れるとどうなるか。停電して灯りのつかない暗い中、視力を矯正しないままで、安全な場所に避難しなければならなくなる。視力の悪い人なら、これがいかに危険なことかわかるだろう。

こうした事態を避けるため、寝るときにはメガネケースに入れて、枕元に置いておくようにしよう。小箱や引き出しなどに収納すると、より安全に保管することができる。

# マンションのベランダの手入れは

マンション住まいの場合、ときどきベランダを掃除することも必要だ。とはいえ、他人の目に触れるところではないので、少々、怠っても大丈夫な気もするが……。それとも、ちゃんと掃除したほうがいいのだろうか。

それほど頻繁に掃除しなくても問題はない

×

排水溝だけはゴミのないようにきれいにしておく

安心して暮らせるのは

どっち？

**正解**

## 排水溝が詰まらないように、こまめに掃除することが大切

### 落ち葉や泥で排水溝が詰まると、豪雨時に部屋が浸水することも！

いろいろなものが置かれ、隅のほうは一種の物置と化しているケースもあるマンションのベランダ。他人の目には触れないこともあり、こまめに掃除はしないのが普通だろう。しかし、ベランダ掃除は面倒と思う人も、日ごろから、排水溝だけはきちんとメンテナンスしておかなければならない。

ベランダの排水溝に落ち葉やほこり、泥などがたまっていると、雨水が詰まってスムーズに流れなくなる。集中豪雨や台風などで大量の雨が降ると、ベランダがまるでプールのようになることも。ひどい場合は、あふれた水が部屋の中に入ってきたり、下の階が浸水したりといった大きなトラブルを引き起こしてしまう。

特に雨の多いシーズンには、こまめな掃除が必要となる。大雨の予報があった場合は、事前に必ずチェックする習慣もつけておこう。

# 近所の側溝の手入れは

家やマンションの近くに側溝があっても、普段は全然目に入らず、気にも留めない人は多い。一方、ときどきチェックをして、ゴミ取りなどの掃除をしている人もいる。あなたはどっちのタイプだろうか。

まったく
掃除なんか
したことがない

×

大雨が予想されたら
近所同士での
掃除を心がける

安心して暮らせるのは

どっち？

○正解

# ゴミを取り除いておかないと、大雨で簡単に水があふれる

## 側溝には落ち葉や泥、空き缶などのゴミがたまりやすい

近所に側溝があっても、日ごろ、まったく気にしない人は少なくなさそうだ。ふたがあるところでは、その上に車やバイク、自転車などが置かれ、プランターが並んでいることさえある。もちろん、こうした側溝では掃除は全然されていないだろう。

メンテナンスが無縁の側溝では、落ち葉や泥、空き缶などのゴミが相当たまっているはずだ。大雨が降ると、こうした側溝は詰まって、排水されない雨水が路上にあふれるようになる。近年頻発する集中豪雨の際には、床上浸水の被害が出るかもしれない。

行政が管理しようにも、側溝はあまりにも多過ぎて手に負えないのが実情だ。大雨が予想される前に、近所の人たちが手分けして側溝をチェック。大きなゴミを取り除いておくようにしよう。

# 冷凍庫の保存の仕方は

冷凍食品を上手に使うと、料理の幅が広がり、時短を図ることもできる。では、保存しておく冷凍庫は、普段、どういった使い方をしているだろうか。防災面から見た場合、優れているのは？

冷凍庫にはいつも食品をいっぱい詰めている

×

冷凍庫にはいつも食品を少なめに入れている

**いざというときに役立つのは**

**どっち？**

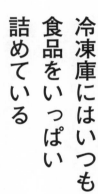

## 正解

# 食品でいっぱいにしておくと、停電のときに長持ちする

### 食品をあまり入れないでおくと、電気代がかかるというデメリットも

冷凍食品の保管だけではなく、作った料理をストックしておくのにも便利な冷凍庫。では、ぎゅうぎゅう詰めと余裕のある入れ方とでは、どっちがいざというときに有効なのか。

地震や台風で停電になったときのことを考えると、冷凍庫内はぎゅうぎゅう詰めにしておくに限る。冷凍庫に食品が詰まっていると、それら自体が保冷剤の役割を果たし、停電後、冷凍状態をより長くキープできるからだ。これに対して、冷凍庫に入っている食品が少ないと、電源がオフになったあと、庫内の温度が早めに上昇してしまう。

冷凍庫をいっぱいにしておくのは、防災だけではなく、省エネの面からもおすすめだ。凍った食品同士が接することにより、効率良く冷やせるので、無駄な電気代がかからない。

# 車のガソリンの入れ方は

日ごろ、車をよく使う人は、どういったタイミングで給油をするのか、だいたい決まっている。ここでは「ぎりぎり」と「半分」の二択で質問しよう。どちらのやり方が、自分の給油スタイルに近いだろうか。

ガソリンは半分程度まで減ったら給油する

×

ガソリンはぎりぎりまで減ってから給油する

後悔しない給油の仕方は

**どっち?**

正解

# 被災したときに困らないように ガソリンはこまめに給油する

## 災害発生後、被災地と周辺では深刻なガソリン不足になる

手間と時間を惜しむ、あるいは燃費が若干良くなることを期待して、なかなか給油しない人がいるかもしれない。だが、こういった人たちは、災害が発生した場合、ひどく後悔する羽目になる可能性がある。

災害発生後、被災地のガソリンスタンドでは車が給油のために殺到したり、ガソリンスタンド自体が被災したりするので、一気にガソリン不足になる。運悪くガソリンがぎりぎりまで減っていた場合、遠方への避難や買い物、車中泊などができなくなってしまうのだ。

災害はいつ発生するのかわからない。特に普段の暮らしで車が必要不可欠な地方では、ガソリンは半分以下にしないように、こまめな給油を心がけることが大切だ。また、台風の来襲が予想される場合は、半分まで減っていなくても満タンにしておこう。

# 現金の用意は

近年、クレジットカードや電子マネーによる決済が一気に進んだ。普段の買い物はキャッシュレスなので、財布には現金がほとんど入っていないという人もいそうだ。この習慣は変える必要がない？

キャッシュレス時代なので、いつも現金はほとんど持っていない

×

財布にはいつも紙幣と硬貨を用意している

被災時に困らないのは

どっち？

正解

## 災害時は現金が必要になるので、必ずいくらかは用意しておく

### 極端なキャッシュレス派は、コンビニでの買い物もできなくなる

キャッシュレス派の人の中には、財布にも家にも、現金をほとんど用意していない人がいる。平常時なら、それでも特に問題はないだろう。しかし、大地震などの災害が発生したら、相当困ったことになるはずだ。

停電になると、電子決済はストップ。スーパーやコンビニでは、レジが使えないので、現金でしか買い物ができなくなる。現金をおろそうにも、ＡＴＭが停止しているので、銀行の窓口まで出向かなければならない。また、スマホに通信障害が起こっている場合、公衆電話ならつながりやすいが、小銭がないと利用できない。

普段はキャッシュレスでもＯＫだが、災害が発生したら、現金が手元にないと話にならないのだ。常に財布にいくらか入れておくか、非常持ち出し袋の中に用意しておくのがいいだろう。

# 読み終えた新聞は

いまも新聞を毎日購読している家庭は多い。読み終わったら、ゴミとしてすぐに捨てたり、古紙としてリサイクルに回したりしていることだろう。災害対策の視点から考えると、どのように扱うのが正解なのか。

## 火災のときに燃えやすくなるので早め早めに処分する

×

## ある程度の量は捨てないで取っておく

## 正しい処理の仕方は

## どっち？

正解

# 被災時に有効活用できるので、1～2週間分は保管しておく

## 便器にゴミ袋をかぶせて、新聞紙を入れると簡易トイレにも

新聞はけっこうかさばるものだ。置き場所に困るだけでなく、火事で燃えやすいからと、早め早めに処分している人もいるだろう。しかし、新聞紙はただの紙ゴミではなく、いろいろと有効活用できる。地震や水害にあうかもしれないと考えると、1～2週間分は常に保管しておいたほうがいい。

被災時、マンションでも一軒家でも、排水管の損傷によって、トイレがしばらく使えなくなるケースは多い。こういったとき、便器にゴミ袋をかけて新聞紙を敷き、さらにちぎった新聞紙を入れると、簡易トイレとして使うことができる。

避難所が寒い場合は、体に巻きつけるだけで、不思議なほど温かくなる。床が固いなら、新聞紙を入れたゴミ袋を敷くと、簡易ベッドに早変わり。このように避難所でも活躍するので、持っていこう。

# 家族の連絡先を記録するには

スマートフォンが普及するまで、重要な連絡先は、手帳にメモしていることが多かった。しかし、いまではスマホにすべて登録している人が大半。昔のようなアナログなことはしなくても良さそうだが……。

大事な連絡先は
紙にメモ書きして
持っている

×

大事な連絡先は
スマホにすべて
登録してある

## 賢い連絡先の保管方法は

## どっち？

正解

## スマホが
## 使えなくなることを想定し、
## 紙に書き留めて持っておく

### スマホに頼り過ぎると、停電時や水没時、非常に困る

その昔、連絡先をメモしておくことに加えて、大事な電話番号は暗記している人が多かったものだ。しかし、スマホに登録できるようになってから、暗記はもちろん、メモをする人も少なくなった。

スマホが使える状況なら、それでＯＫかもしれない。だが、被災時はどうか。停電が発生したら、バッテリーを充電することは難しい。水害で水に浸かった場合、スマホ自体が使えなくなってしまう。スマホに頼り切っていると、非常時に家族に連絡を取ることさえできなくなる可能性があるのだ。

こうした事態を避けるため、家族の電話番号など、大事な連絡先は手帳や紙などに書き留めて、常に持ち歩くようにしよう。万一、自分が負傷して、意識を失った場合にも役に立つ。救助した人がメモを見て、家族に連絡を取ってくれるかもしれない。

# 火事の最中に、やってはいけない

大地震はもちろん、
水害の際にも
発生しやすいのが火事。
消火の仕方を誤れば、
火はますます広がっていく！

Data
8

## 火事の原因

年間、約1万件の住宅火災が発生し、約1000人が死亡している。火事を引き起こす原因で多いものは何なのか。

▷住宅火災による経過別死者発生状況(2017年)

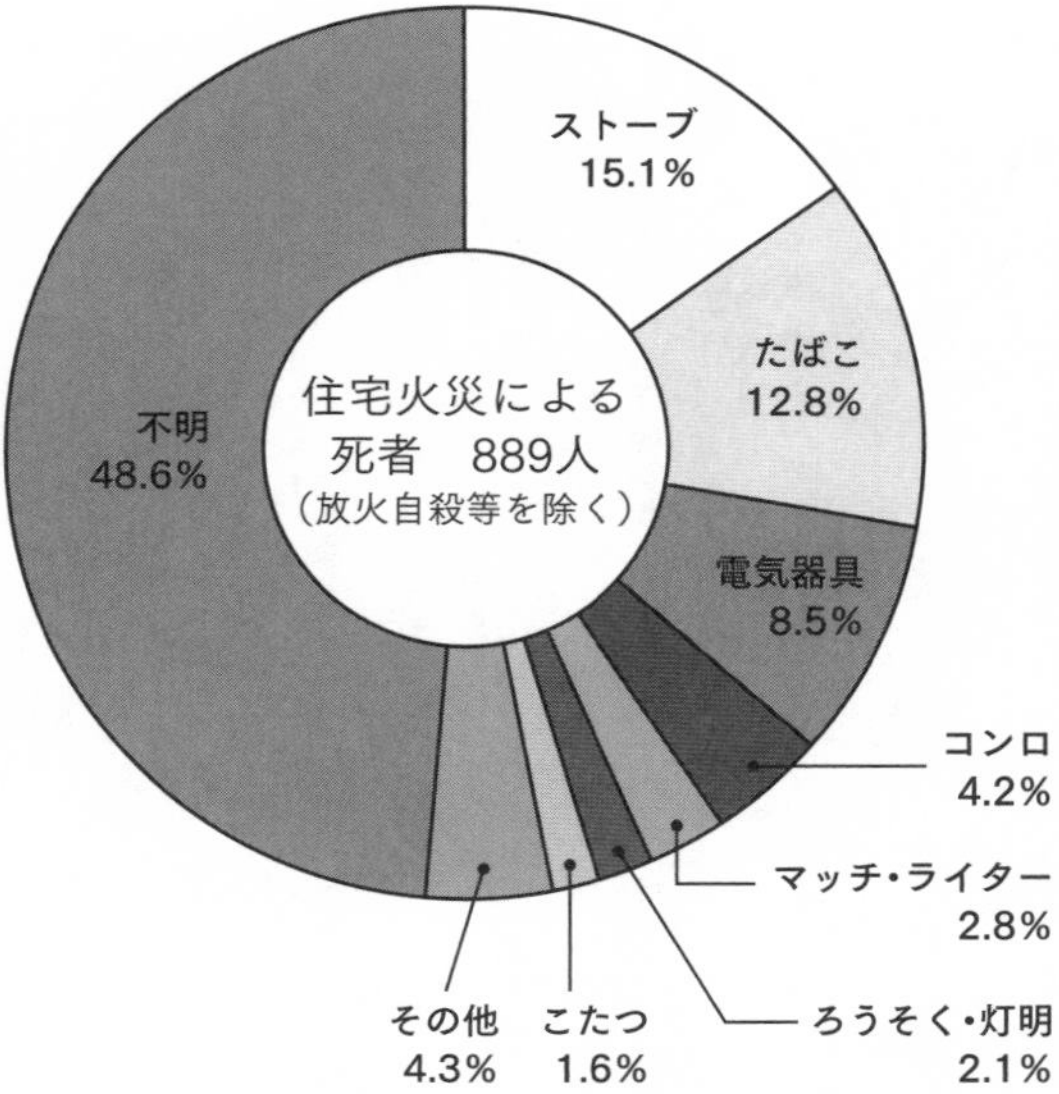


消防庁『平成30年版消防白書』より

# 自宅から火が出たら

自宅で火が出ているのを見つけたら、誰でも気が動転するだろう。とにかく自分から動いて消火しないと、火が広がって、大変なことになってしまう。こうした非常事態、まずやるべきことは何か。

まず周りに
火が出たことを知らせ、
それから初期消火をする

×

急いで
消火器を取りに行き
初期消火をする

火の回りを防げるのは

どっち?

正解

# 近所の逃げ遅れを防ぐために「火事だ！」と叫んで知らせる

## 気が動転して声が出ない場合は、何かを叩いて大きな音を立てる

大きな火災に広がらないように、まだ火が小さなうちに消し止める。この初期消火は非常に重要だ。そこで、自宅で火が出たのを見つけた場合、まずやるべきなのは火を消すことだと、消火器を取りに走るのが正しい、と考える人は少なくないのではないか。

しかし、この行動は正解ではない。火事で最も避けるべきことは、逃げ遅れによる焼死。このため、消火活動を行うよりも先に、火が出たことを周りに知らせなければならない。消火器を取りに走る前に、窓を開けて「火事だ！」と大声で叫び、隣近所に知らせることが第一なのだ。

叫ぶなんて恥ずかしい……などと言っている場合ではない。恐怖にかられて大声が出ないようなら、鍋などを叩いて、大きな音を立てて知らせるようにしよう。

# 火がなかなか消えなかったら

火が出ていることを周りに知らせたら、急いで初期消火を行わなければならない。すぐに消し止められればいいのだが、なかなか消せない場合のことも考えておこう。こうしたときには、どうしたらいいのか。

火の回りを防ぐため、ぎりぎりまで消火活動を続ける

天井まで火が回ったらあきらめて逃げる

**正しい初期消火のやり方は**

**どっち？**

正解

## 火が天井に届いたら、**初期消火は無理**なので逃げる

### 火の高さが背丈を超えた場合も、もう消火できないので避難を

自宅が火事になりそうだと思ったら、落ち着いていられる人はいないだろう。とはいっても、パニックになってしまったら、事態は悪化するばかりだ。ゆっくり、あわてず、落ち着いて。この3つが初期消火をする際のポイントとなる。

火が出てすぐに発見したのなら、消防車が到着するまでに消火することも十分可能だ。消火器を使ったり、バケツで水をかけたりして消火に努めよう。しかし、初期消火には限界がある。ここで消さないと自宅が燃え上がる……こう思うと、ぎりぎりのところまで頑張りたいだろうが、限度を超えると命の危険がある。初期消火をあきらめる目安は、天井に火が届くか、火の勢いが自分の背丈よりも高くなったとき。残念だが、こうなった場合、すぐに逃げなければいけない。

# 服に引火したら

調理中やストーブの近くにいたとき、服の裾や袖などに火がつき、燃え上がってしまう着衣着火。この恐ろしい事態が発生したら、どうすればいいのか。正しい対策を知っていれば、命を落とさずに済むはずだ。

床の上でゴロゴロ転がって火を消す

手やタオルでバタバタはたいて火を消す

火を消すことができるのは

どっち？

正解

# 床に転がって押しつければ、酸素が供給されずに消える

## 手ではたいても消えないし、水のある場所まで走るのは最悪

服に引火した場合、一刻も早く火を消さないと命にかかわる。手早い消火の仕方は水をかけることだが、近くに水がない場合はどうしたらいいのか。最悪な対処の仕方が、風呂場などに急いで走ること。風にあおられて、火の勢いが一層強くなるので、決してやってはいけない。

とっさの行動として取りやすいのが、手のひらやタオルなどで、燃えているところをバタバタはたくことだろう。しかし、このやり方もそれほど効果がなく、火を消すことは難しい。

水がない場所で火を消すには、床に転がり、燃えているところを床に押しつけて、酸素の供給を止めるのが最善の策だ。頭が低い位置になるので、炎が顔や髪に燃え上がることも防げる。服の広い範囲が燃えている場合は、ゴロゴロ転がるようにしよう。

# 煙が充満してきたら

火事で本当に怖いのは、火そのものよりも煙だといわれる。では、部屋が火事になって、煙が出ていたらどのような行動を取ったらいいのか。ここで間違うと、最悪の結末につながるかもしれない。

濡らしたハンカチを
口に当てて
四つん這いで逃げる

✕

普通の姿勢で
大急ぎで
走って逃げる

**本当に安全に避難できるのは**

**どっち？**

## 何よりも怖いのは一酸化炭素。
## 危険地帯を急いで駆け抜ける

正解

### ハンカチやタオルを当てても、一酸化炭素は素通りしてしまう

煙が充満したなかでは、濡れたハンカチやタオルを口に当て、低い姿勢で這うようにして逃げる。こうした緊急避難の方法を聞いたことのある人は多いだろう。

しかし、最も恐ろしいのは、吸い込むといきなり意識を失う一酸化炭素だ。実験によると、ハンカチやタオルではある程度、除煙効果が期待できるものの、一酸化炭素はガードできない。濡らしても一酸化炭素は素通りし、逆に煙を除去する効果は下がって、さらに呼吸しにくくなるデメリットもあるという。しかも、姿勢を低くすると、前に進む速度は遅くなるはずだ。

こうした検証から、煙が見える空間では、息を止めてとにかく駆け抜けるのが賢明だ。手近にポリ袋がある場合は頭にかぶろう。こうすれば、より安全な空気を吸いながら避難することができる。

# 消火器の備え方は

初期消火をする際、最も高い効果が期待できるのは消火器を使って消すこと。しかし、いざというときにトラブルが発生し、使えなかったら大変だ。日ごろからチェックしておくべきポイントは何だろう。

使用期限はチェックしているので火事でも安心

容器を半年に1回ほどチェックしているので火事でも安心

安心して消火器を使えるのは

**どっち？**

正解

## 劣化していないか、半年に1回はチェックする習慣を

### 腐食が進んでいた場合、触るだけで破裂することも！

火災報知機とは違って、一般家庭には消火器の設置義務はないものの、近年、備えている家庭が増えてきた。とはいえ、普段、使う機会はないのが当たり前なので、ほとんどの家では、キッチンの隅や玄関の靴箱の中などに放置されているのではないか。

消火器には使用期限があり、住宅用の場合は5年程度。この期限を過ぎたら、新しいものに取り換える必要がある。腐食が進むことにより、レバーに触れたり、衝撃を加えたりすることによって、破裂する恐れがあるからだ。

使用期限をチェックしているなら大丈夫、というわけではない。期限内でも腐食が進んだり変形したりする場合があり、こうした消火器は期限をオーバーしたものと同じく危険性が高い。半年に1回程度はチェックする習慣をつけておこう。

# 雷や竜巻に遭遇したら、やってはいけない

不気味な黒い積乱雲が
空に出現したら、
雷と竜巻に要注意！
命を守るため、
急いで正しい行動を取ろう。

Data 9

# 雷・竜巻の発生数

近い場所で発生すれば、命の危険がある雷や竜巻。1年のうち、どういった時期に多いのだろうか。

### ▷落雷による被害の報告数（2005〜2017年）

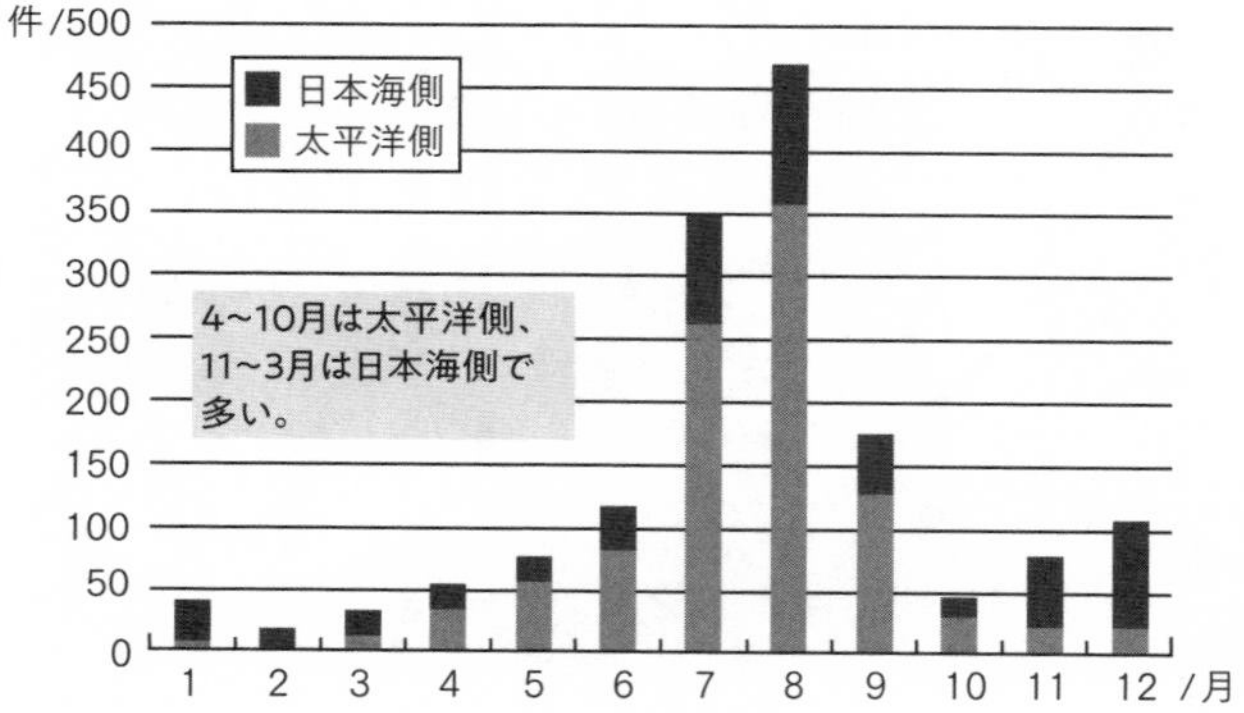


### ▷竜巻の月別発生確認数（1991〜2017年）

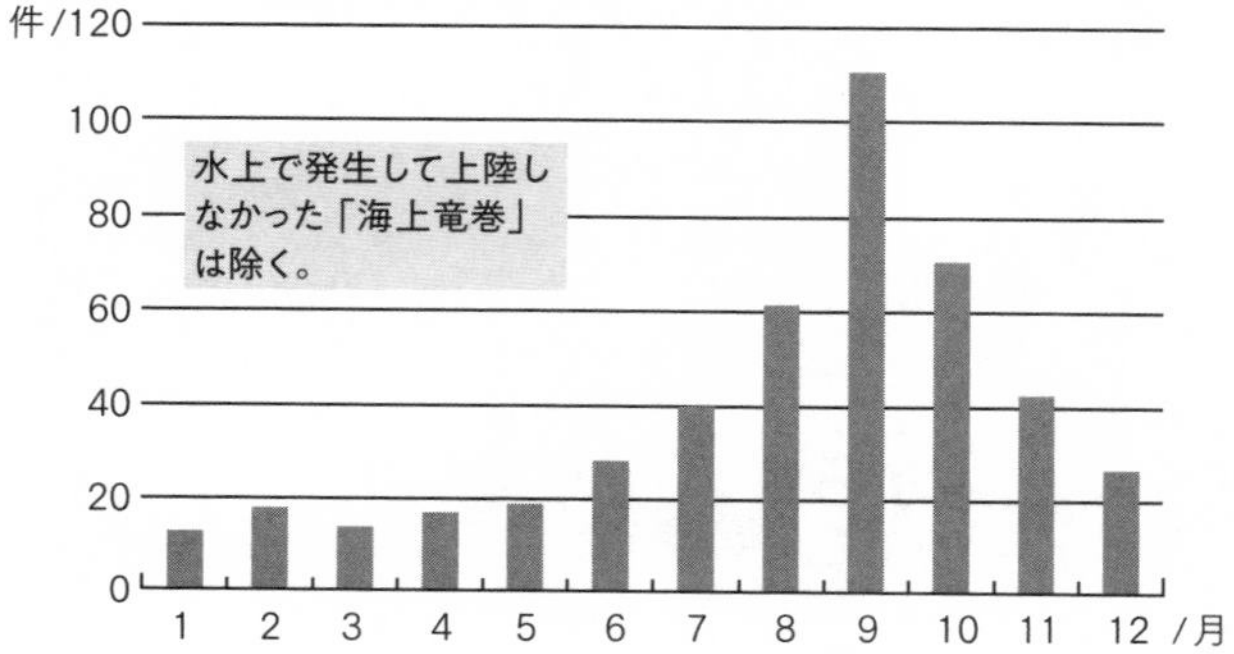


気象庁のデータより

# 野外で雷が鳴り出したら

野外でレジャーを楽しんでいると、天気が激変し、空が真っ暗になって、雷がゴロゴロ鳴り出した。こういった場合、素早く避難しなければならない。間違った方法を選択すれば、命にかかわってしまう！

雨宿りも兼ねて、安全な木の下に避難する

木の下は危険なので絶対に近づかない

**雷から身を守れるのは**

**どっち？**

## 木のすぐ近くは極めて危険！ 絶対に近寄ってはいけない

正解

### 近くに安全な建物がない場合、高い木から４ｍ以上離れて伏せる

野外で雷が鳴り出したら、急いで高い木の下に避難するのがいい。こうすれば、木が避雷針代わりになるので、自分は安全。そのうえ、雨宿りができるので一石二鳥でもある。こう考える人は少なくなさそうだが、実行するのはとんでもない話だ。

木のすぐ近くに避難した場合、木に落雷したあとで、「側撃雷《そくげきらい》」といって、雷が人のほうに飛び移ることがある。木の真下は極めて危険な場所なので、絶対に避難してはいけない。雷が聞こえたら、安全な建物の中などに避難するようにしよう。

周りに避難できるような場所がない場合、高い木や鉄塔などから４ｍ以上離れた場所で、低い姿勢をキープ。この距離なら側撃雷は届きにくい。幹だけではなく、葉や枝などからも同様に離れておくことが大切だ。

# 雷が遠くで鳴り出したら

雷がピカッと光って、ゴロゴロ……と鳴るまでには多くの場合、タイムラグが少しある。その時間が長いほど、雷は随分遠くで鳴っていることを示す。だから、危険が小さいので安心していい、ということなのか。

光ってから
音がするまでが長いので
避難の必要なし

×

光と音に
時間差があっても
危険なので逃げる

雷から身を守れるのは

**どっち？**

## 少々の時間差があっても危険！
## 安全な場所に避難する

正解 ○

### 雷鳴が聞こえたら、雷雲のすぐ近くにいる可能性が大

ピカッと光って、ほぼ同時にゴロゴロ……と鳴った場合、雷はすぐ近くにいるので危険。一方、５〜６秒もたってから雷鳴が聞こえた場合、相当遠いので、すぐに避難する必要はない。物事を科学的に捉えようとする人ほど、こう考えるかもしれない。

光が秒速約30万㎞なのに対して、音は秒速約３４０ｍ。このため、雷は光った瞬間に見えるが、音はこちらに届くまでに時間がかかる。光ってから３秒後に聞こえるならほぼ１㎞、５秒後なら約１７００ｍ離れた場所で雷は発生しているわけだ。しかし、じつは雷を生む雷雲は直径が５㎞以上もあり、その中のどこで次の雷が発生するのかはわからない。光と音の少々の時間差に関係なく、雷鳴が聞こえるなら、雷雲のすぐ近くにいることになる。自己判断はしないで、早く安全な場所に避難することが大切だ。

# 野外で金属を身につけていたら

開けた場所で雷が鳴り出したら、すぐに逃げ場所を探そう。と同時に、電気が流れやすく、雷が落ちやすい金属類をはずして、遠くに投げ捨てることも大切だといわれる。この緊急の対策は効果があるのだろうか。

金属類を
急いではずして、
遠くに投げ捨てる

×

金属類は
そのままにして
安全な場所を探す

雷から身を守れるのは

**どっち？**

## 金属類をはずす暇があったら、とにかく安全な場所に逃げる

正解

### 雷は金属類の有無に関係なく、より高い場所に落ちる

雷は強烈な電気なので、人間の体よりも金属のほうに落ちやすい。この理屈から、雷の直撃を避けるためには、身につけている金属製のアクセサリーや時計、ベルトなどをすべてはずし、遠くへ投げ捨てるといい。雷は、人間よりもそういった金属類を狙うはずだ。

こうした雷対策を聞いたことはないだろうか。確かに、うなずけそうな話ではある。しかし、じつは科学的な根拠はゼロなので、試す価値はない。むしろ、立ち止まって金属類をはずすのに時間がかかるようなら、そちらのリスクのほうがずっと大きい。

雷が落ちやすいのは、金属を身につけているかどうかとは関係なく、より高い場所だ。身を隠すところのない場合、まずは姿勢を低くしてから、安全な場所を探すようにしよう。

# パソコンを使用中に雷が鳴り出したら

雷によって停電が発生することはしばしばある。一般的な電化製品なら、停電が起こってもさほど問題はないが、パソコンを使用中、急に電源が落ちるのはハードディスクに負担が大きい。さて、取るべき行動は？

つながっているすべてのケーブルをコンセントから抜く

停電になるかもしれないので、すぐに電源を切る

パソコンの安全を保てるのは

どっち？

## 雷サージからパソコンを防ぐため、外部とつながっている全ケーブルをはずす

正解

### 停電対策を取るだけでは、雷からパソコンは守れない

雷が鳴ったら、停電になることを想定して、すぐにパソコンを終了させる。これで安心だと思っている人はいないだろうか。こうすれば、確かに電源が急に落ちても、ハードディスクには負荷がかからない。しかし、雷で怖いのは停電だけではない。

雷が落ちると、「雷サージ」といわれる異常な電圧が電線などに発生することがある。これがケーブルなどを通じてパソコン内部に侵入すると、過剰な負荷がかかって故障する恐れがあるのだ。この雷サージを防ぐには、パソコンの電源を落としたうえで、電源コードはもちろん、電話線や通信線など、外部とつながっているすべてのケーブルも取りはずさなければならない。

ただ、雷のたびにこうした対処を取るのは大変。雷サージからパソコンを保護できる電源タップに取り換えておくと安心だ。

# 竜巻が発生したとき、家の中にいたら

発達した積乱雲が生む、強い上昇気流によって起こるのが竜巻だ。巻き込まれてしまったら、命の危険がある。近所で発生していることがわかったら、身を守るためにどういった行動を取るのが正解だろう。

窓からのぞいて進行方向を確認し、対応策を考える

カーテンを閉めて窓の近くから離れる

竜巻から身を守れるのは

どっち?

正解

# 窓ガラスの飛散を防ぐため、まず雨戸やカーテンを閉める

## クローゼットやトイレなど、窓のない部屋に逃げることも大切

家にいるとき、周辺で竜巻が発生したらどうするか。めったにないことなので、窓を開けてのぞいて見たり、スマホで写真を撮ったりしたくなるかもしれない。しかし、極めて危険なのでやめておこう。窓のそばは、家の中で最も危険な場所だ。

竜巻に気づいたら、すぐに窓のカーテンを閉めて、ガラスの飛散を防ぐようにしなければならない。まだ竜巻が遠くにいて、時間に余裕がある場合は、雨戸やシャッターを閉めて安全性をより高めよう。

こうしたうえで、一軒家ならクローゼット、マンションならトイレや浴室といった、窓のない部屋に逃げ込むのがいちばんだ。ただし、竜巻の移動速度は平均時速36㎞とかなり速い。窓対策を取る余裕がない場合は、窓のそばからすぐに離れ、急いで安全な場所に避難しなければならない。

# 車を運転中に竜巻に遭遇したら

車を運転していたら、前方に見える不気味な雲の底から漏《ろう》斗《と》状の雲が降りてきた。このまま走らせていたら、竜巻に巻き込まれてしまう！ こうした場合、すぐに身を守るための行動を取らなければならない。

車から離れて安全な建物の中に避難する

竜巻から逃げるように車を走らせる

竜巻から身を守れるのは

どっち？

正解

## 車では逃げ切れない恐れが！
# 頑丈な建物に避難
## するのがベスト

### もう車外に出られないと思ったら、路肩に駐車し、身をかがめてやり過ごす

竜巻に直撃されたら、車は簡単に横転し、命の危険にさらされてしまう。大急ぎで避難行動に移ろう。

車なら竜巻から逃げ切れる、と思う人もいるだろう。しかし、竜巻はまっすぐ進むとは限らない。蛇行を繰り返したり、ときには反転したりすることもあるので、進む方向を正しく読むのは難しい。しかも、ときには時速40～50㎞で進むため、逃げても追いつかれる可能性がある。竜巻と競争するのはリスクが大き過ぎる。

竜巻から身を守るには、車からすぐに降りて、コンクリート製の頑丈な建物の中に避難するのがベスト。できるだけ、窓ガラスから離れた場所に行くのが肝心だ。逃げ込む建物がない場合は、最後の対策として、路肩に駐車。前かがみになって、頭を手などで覆ってガードしよう。

# 大雪に見舞われたら、やってはいけない

例年、降雪量がさほど
多くはない地方でも、ときに
大雪に見舞われることがある。
やってはいけないことを知り、
危険を回避しよう。

Data

10

## 転倒事故の状況

雪道を歩く際、怖いのが転倒によるけが。特に足腰が衰えてきた人は、十分注意しなければならない。

▷年齢層・けがの程度で見る、札幌市の転倒事故による救急搬送者数（1996〜2015年度の平均）

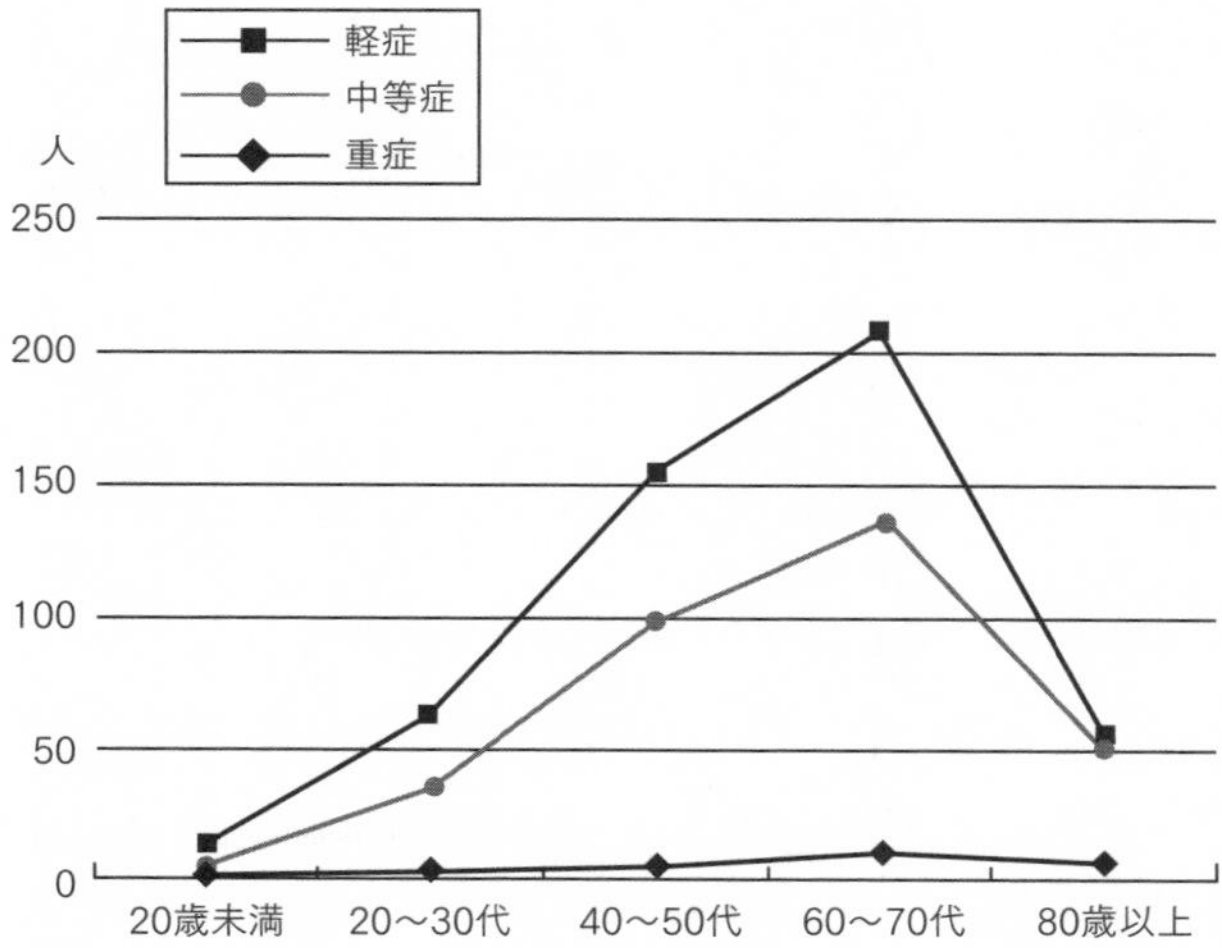


明らかに、高齢になるほど転倒しやすくなるのがわかる。

ウインターライフ推進協議会ホームページ
「転ばないコツおしえます。」より。データ元は札幌市消防局

# 雪が積もった道を歩くには

北海道や東北でなくても、寒冷前線などの影響により、思わぬ大雪が降ることがある。こうした場合、雪に慣れていないので、ただ道を歩くだけでも大変だ。滑らないで歩くためには、どういったことに注意が必要なのか。

人があまり歩いていない
まだ柔らかい
ところを歩く

たくさんの人が歩いて
しっかり踏み固められた
ところを歩く

安全に歩けるのは

どっち?

## 正解

## 踏み固められていない柔らかいところを選んで歩く

### 大勢の人が歩いているところは、固くて表面がツルツルになっている

雪がほとんど積もらない地方では、白銀に姿を変えた街を見て、うれしくなる人がいるかもしれない。しかし、ウキウキしてはいられない。雪道を歩くコツを身につけていないと、転んでけがをする恐れがある。

雪道に慣れていない人がやりがちな行動が、多くの人の踏み跡がついたところを歩くことだ。みなが歩いているということは、そこがほかよりも安全。こう思うのだろうが、大きな間違いだ。雪が踏み固められて固くなり、一層滑りやすくなっている。

雪道を歩く際には、踏み跡が少ないところを選ぶのが賢明だ。人があまり歩いていないところは、まだ雪が柔らかいので、それほど滑らない。ほかにバスやタクシーの乗降場所、横断歩道の白線、車のわだちなども滑りやすいので注意して歩こう。

# 雪が積もった道を歩きやすくするには

雪国ではないのに、急に大雪が降って家の周りに積もってしまった。出入りの邪魔なので取り除きたい、こうした場合、スコップなどで雪かきをするのが正解か、あるいは湯でとかすほうがいいのだろうか。

スコップを使って雪を道の脇に寄せる

×

もっと簡単に雪に湯をかけてとかす

安全に歩けるようになるのは

どっち？

正解

## 雪に湯をかけてとかしたら、あとで凍結して一層危険に！

### 車のフロントガラスにも湯はＮＧ！ガラスが割れてしまう恐れあり

家やマンションの前に雪が積もると、出入りするのに邪魔になる。雪を取り除きたい場合、手軽なのが湯をかけることだ。こうすると、狭い範囲なら簡単に雪をとかせる。しかし、作業中にたまたま雪国出身の人が通りがかったら、注意されるかもしれない。安全に通行できるのは短い間だけで、ひと晩過ぎれば凍結し、ツルツルになる恐れがあるからだ。

夜になっても温度がそれほど下がらず、凍結しない場合もあるだろうが、やはりリスクはあるので、やめておいたほうがいい。スコップなどを使う通常の雪かきをおすすめする。

また、車のフロントガラスに積もった雪は、別の理由から湯をかけるのはＮＧだ。膨張率の違う素材の複層構造になっているので、急激な温度変化によって、ガラスが割れてしまう可能性がある。

# 大雪で車が立ち往生したら

吹雪や大雪にあって、車が進めなくなり、立ち往生してしまうニュースを見たことがあるだろう。こういった事態に遭遇した場合、どのような行動を取ればいいのか。間違った選択をすれば、命に危険が迫る！

凍死しないように、
エアコンを弱めにかけて
寒さをしのぐ

×

できるだけ
エンジンを切ったままで
寒さに耐える

**雪の中で身を守れるのは**

**どっち？**

正解

## 排気ガスの入り込みを防ぐため、エンジンはできるだけつけない

### マフラーの排気口がふさがれると、一酸化炭素が車内に入ってくる

雪の中で立ち往生すると、エアコンをつけなければ、車内は冷え込んでいく。こうした状況下でエンジンをかける際には、十分注意しなければならない。雪が車の後ろ側で積もると、排気ガスが車体下側のスペースに流れて溜まり、やがて車内に入り込んでくるからだ。

排気ガスには人体に有毒な一酸化炭素が含まれている。厄介なことに無色無臭なので、最悪の場合、車内に充満したことに気づかないまま失神し、そのまま死に至ってしまう。

身を守るためには、雪の中で車が動けなくなっても、できるだけエンジンを切った状態を保つことが重要だ。雪道を移動する場合は、こうしたトラブルの可能性があることを想定し、万一に備えて、寒さをしのげる毛布などを車に積んでおくようにしたい。

# 雪おろしをするなら

大雪が降り続いて、家の屋根やカーポートに大量の雪が積もってしまった。こうした場合、雪おろしが必要になることもあるだろう。どういった天候の日に行うと、より安全に作業ができるのか。

よく晴れて暖かく
体が動きやすい日に
雪おろしをする

×

あえて曇りの
寒い日に
雪おろしをする

## 安全に雪おろしができるのは

## どっち？

正解

# 雪おろしに適しているのは、雪が締まっている寒い日

## 暖かい日は雪が緩むので、屋根の上で滑りやすくなる

雪は想像以上に重い物体で、ふわふわした軽めの新雪でも、1㎥当たり50～150kgもある。例年、雪がそれほど降らない地域でも、異常気象の多い昨今、記録的な大雪に見舞われて、屋根の雪おろしが必要になることも十分考えられる。

雪おろしをしたことがない人の場合、作業しやすい、晴れて暖かい日に行いたくなるかもしれない。しかし、雪国では常識なのだが、こうした日は雪おろしに向いていない。暖かさで雪が緩み、屋根が滑りやすくて危険なのだ。特に晴れた日の午後は雪がよく緩むので、避けたほうがいいだろう。

雪おろしが必要になった場合、曇って寒い日をあえて選んで行うようにしよう。こうした天候の日には、雪が緩みにくいので、晴れた日よりも安全に作業することができる。

# スキー中に雪崩に遭遇したら

雪山で恐ろしいのは、突然起こる雪崩《なだれ》。発生しそうな場所には近づかないことがいちばんだが、遭遇してしまったらどうしたらいいのか。とにかく逃げなければいけないけれども、目指す方向はどこだ？

斜面の下に向かって全速力で逃げる

横の方向に向かって全速力で逃げる

雪崩から逃げ切れるのは

どっち？

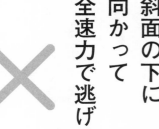

## 進行方向には逃げ切れない！
## 斜面の横方向に全力で逃げる

正解

### 巻き込まれたら雪の中を泳ぎ、できるだけ浮上を試みる

斜面の上方で雪崩が発生したら、とにかく急いで逃げなければいけない。押し寄せてくるのを見て驚き、反射的に逃げようとするのは、斜面の下に向けてではないだろうか。しかし、雪崩のスピードは非常に速く、ときには時速２００㎞を超える。新幹線並みの速度で追いかけてこられたら、スキーの上級者でも逃げ切れるわけがない。

逃げるべき方向はまったく違う。雪崩の進行方向とは直角に、斜面の横へ、雪崩の端のほうへと必死で逃げれば、巻き込まれないで済む可能性はある。いざというときのために覚えておこう。

それでも巻き込まれてしまったら、泳ぐように手足を動かして、雪の中を浮上することを試みる。そして雪崩が止まりそうになったら、雪の中でも呼吸ができるように、手で口の前に大きな空間を作るようにしよう。

## ◎主な参考文献


『少し多めに買いおき～家庭備蓄のススメ～』（農林水産省）

『タオルやハンカチ等の除煙効果に係わる実験』（消防庁消防研究センター）

『火災から身を守る　住宅防火読本』（一般財団法人　日本防火・防災協会）

『震度７から家族を守る家』（国崎信江／潮出版社）

『大震災これなら生き残れる』（山村武彦／朝日新聞社）

『緊急防災ハンドブック』（日本能率協会マネジメントセンター編／日本能率協会マネジメントセンター）

『東京防災』（東京都）

『わが家を守る防犯・防災徹底ガイド』（ＮＨＫ出版編／日本放送出版協会）

『いざというとき自分を守る防災の本　１そのときどうする地震』（防災問題研究会編／岩崎書店）

『いざというとき自分を守る防災の本　２そのときどうする台風』（防災問題研究会編／岩崎書店）

『知っておきたい防災新常識大事典』（洋泉社）

『クロワッサン特別編集　地震・台風に備える防災ＢＯＯＫ』（マガジンハウス）

『自衛隊防災ＢＯＯＫ』（マガジンハウス）


## ◎主な参考ホームページ


・農林水産省…食料の家庭備蓄をめぐる状況／防災備蓄収納のチェックポイント

・経済産業省…トイレットペーパーを備蓄しましょう

・総務省…災害用伝言サービス

・気象庁…気象庁震度階級関連解説表／「緊急地震速報」をご存じですか？／雨の強さと降り方／風の強さと吹き方／雷から身を守るには／落雷害の月別件数／竜巻から身を守るには／竜巻等の突風データベース
・内閣府…間違いだらけの防災対策／防災情報のページ
・政府広報オンライン…暮らしに役立つ情報
・首相官邸…災害に対するご家庭での備え
・消防庁…防災マニュアル
・東京消防庁…安全・安心情報
・大阪市…照明器具による火災に注意してください
・名取市…大雨でトイレがゴボゴボしたり、流れづらいときは
・日本気象協会…備蓄の心得
・東京都耐震ポータルサイト…なぜ耐震化？
・日本消火器工業会…消火器について詳しく知ろう
・日本エレベーター協会…昇降機の安全について
・九州電気保安協会…災害時の対応
・ウインターライフ推進協議会…転ばないコツ、おしえます
・ＬＩＮＥ ＵＰ ＴＯＹＯ…大学教授が教える落雷の原理と雷対策のウソホント
・ＮＨＫ…見えてきた〝河川津波〟の脅威　命を守る備えは／災害時用意しておきたい水や食料の量・ポイント・保管場所／防災の知恵
・ＮＨＫあさイチ…長靴と傘はＮＧ！防災のプロが教える冠水時の正しい避難法とは

・ＦＮＮ ＰＲＩＭＥ…常識が通じない いま備える防災
・ＪＡＦ…クルマ何でも質問箱／台風・水害発生時の避難行動／豪雪で立ち往生、車内で仮眠中など、車が雪で埋まった場合はマフラー周りの除雪を！
・日本トイレ研究所…災害時のトイレ事情
・東京海上日動…いざというときの避難場所
・ホンダ…トラブルシューティング
・富士通…ＦＭＶサポート
・ＴＯＴＯ…断水時のトイレの使用(洗浄方法)について
・パナソニック…よくあるご質問
・ドコモ東北復興・新生支援…災害への備え
・ウェザーニュース…台風で罹災した場合、片づけ前に「り災証明書」申請のための写真撮影を／台風19号関東直撃のおそれ 確認すべき家の中と外での3つのポイント／右側は要注意⁉台風に伴う雨と風の特徴
・アイリス…もしもの備え！防災備蓄品の収納
・ＹＡＨＯＯ！ ＪＡＰＡＮニュース…流れのある洪水 歩いて避難できるか？その判断基準は／水害時の住宅はブレーカーを落とす
・ＪＣＡＳＴニュース…雪かきで「お湯はダメ」助言が続々 本当？除雪の「プロ」の意外な見解
・ＳＵＵＭＯジャーナル…タワマン上層階で被災したらどうするの？気になる災害対策を聞いてみた
・マンション・ラボ…竜巻が迫ったら、マンションでは「窓に近づかない！直線に逃げない！」
・グーネット中古車…自動車のための大型台風の準備と対策

青春新書
PLAYBOOKS

人生を自由自在に活動《プレイ》する

## 人生の活動源として

いま要求される新しい気運は、最も現実的な生々しい時代に吐息する大衆の活力と活動源である。

文明はすべてを合理化し、自主的精神はますます衰退に瀕し、自由は奪われようとしている今日、プレイブックスに課せられた役割と必要は広く新鮮な願いとなろう。

いわゆる知識人にもとめる書物は数多く窺うまでもない。

本刊行は、在来の観念類型を打破し、謂わば現代生活の機能に即する潤滑油として、逞しい生命を吹込もうとするものである。

われわれの現状は、埃りと騒音に紛れ、雑踏に苛まれ、あくせく追われる仕事に、日々の不安は健全な精神生活を妨げる圧迫感となり、まさに現実はストレス症状を呈している。

プレイブックスは、それらすべてのうっ積を吹きとばし、自由闊達な活動力を培養し、勇気と自信を生みだす最も楽しいシリーズたらんことを、われわれは鋭意貫かんとするものである。

―創始者のことば―　小澤和一

編者紹介

**ホームライフ取材班**

「暮らしをもっと楽しく！ もっと便利に！」をモットーに、日々取材を重ねているエキスパート集団。取材の対象は、料理、そうじ、片づけ、防犯など多岐にわたる。その取材力、情報網の広さには定評があり、インターネットではわからない、独自に集めたテクニックや話題を発信し続けている。


「防災《ぼうさい》」のやってはいけない　青春新書 PLAYBOOKS

2020年2月25日　第1刷

編　者　ホームライフ取材班《しゅざいはん》

発行者　小澤源太郎

責任編集　株式会社プライム涌光

電話　編集部　03(3203)2850

発行所　東京都新宿区若松町12番1号　〒162-0056　株式会社青春出版社

電話　営業部　03(3207)1916　振替番号　00190-7-98602

印刷・図書印刷　製本・フォーネット社

ISBN978-4-413-21160-4